RAFAEL LLANO CIFUENTES

EGOÍSMO E AMOR

4ª edição

@editoraquadrante
@editoraquadrante
@quadranteeditora
Quadrante

QUADRANTE

São Paulo
2023

Copyright © 1988 Quadrante Editora

Capa
Provazi Design

Dados Internacionais de Catalogação na Publicação (CIP)

Cifuentes, Rafael Llano
  Egoísmo e amor / Rafael Llano Cifuentes — 4ª ed. — São Paulo: Quadrante, 2023.

ISBN: 978-85-7465-511-6

1. Amor 2. Vida cristã I. Título

CDD-177.7

Índice para catálogo sistemático:
1. Amor: Vida cristã 177.7

Todos os direitos reservados a
QUADRANTE EDITORA
Rua Bernardo da Veiga, 47 - Tel.: 3873-2270
CEP 01252-020 - São Paulo - SP
www.quadrante.com.br / atendimento@quadrante.com.br

SUMÁRIO

INTRODUÇÃO 5

AS MANIFESTAÇÕES DO EGOÍSMO 9

O AMOR 57

O AMOR REALIZA 145

NOTAS 157

INTRODUÇÃO

«Dois amores fundaram duas cidades: o amor-próprio, até o desprezo de Deus — a terrena; e o amor de Deus até o desprezo de si mesmo — a celestial. A primeira cidade gloria-se em si mesma; a segunda, em Deus»[1].

Não podemos deixar de amar. O amor é uma tendência essencial da natureza humana; um impulso vital indestrutível. Recusar-se a amar é recusar-se a ser: é um suicídio.

Só existem, contudo, dois amores possíveis: ou se ama o bem em si mesmo, porque é digno de ser amado, e então — ao menos implicitamente — ama-se a Deus, Bem Supremo, sobre todas as coisas, e ama-se todo o resto porque participa da Sua bondade; ou se ama o que redunda num benefício pessoal ou se acomoda aos interesses próprios, e assim nos amamos a nós mesmos sobre todas as coisas, e amamos as coisas, e o próprio Deus, egoistamente, só porque nos satisfazem e nos realizam.

Todos os possíveis amores, por diferentes vias, enveredam por um destes dois caminhos. E, conforme a vontade se oriente para um ou para outro, a personalidade se torna autêntica ou egoísta, aberta ou fechada para o verdadeiro amor.

O coração humano move-se entre esses dois extremos. É uma polarização ineludível: na medida em que nos deslumbramos com o nosso *ego*, nessa mesma medida nos vamos esquecendo dos outros e de Deus; e, ao invés, quando nos ocupamos de Deus e dos outros — num amor progressivo —, vamos esquecendo pouco a pouco o pequeno mundo do nosso egoísmo e engrandecendo-nos à imagem e semelhança do próprio Deus. Porque *Deus é amor* (1 Jo 4, 8).

É por isso que a única tentativa efetivamente válida de alcançar o Amor — termo da nossa realização — é lutar por vencer o egoísmo. Libertar-se dele é deixar a alma solta, disponível, capaz de correr livremente para o outro polo do ímã. E, concomitantemente, ainda que pareça um paradoxo, o meio mais eficaz de desprender-se do egoísmo é viver um amor autêntico. É este o roteiro fundamental destas nossas reflexões.

AS MANIFESTAÇÕES DO EGOÍSMO

Quando falamos de egoísmo, englobamos dentro deste conceito muitos outros que giram em torno de um eixo comum: soberba, orgulho, amor-próprio*, vaidade, altivez, presunção... Escolhemos como termo principal o egoísmo porque é o que se contrapõe de uma maneira mais frontal à virtude suprema do amor.

(*) Quando falamos aqui de amor-próprio, referimo-nos — de acordo com a expressão já consagrada — ao amor-próprio *desordenado* ou *egoísta*, não ao mero amor-próprio, que é não apenas algo bom, mas um mandamento que tem que ser vivido como protótipo exemplar do amor ao próximo, de acordo com a proposição formulada pelo Senhor: *Amai ao vosso próximo como a vós mesmos*.

E é principalmente nesta que nos queremos deter.

O egoísmo é uma doença provocada pelo pecado original e transmitida depois a todo o gênero humano. Deus criou-nos para que possuíssemos eternamente a sua felicidade e o seu amor infinitos. Mas o homem não se resignou a aceitar a sua condição de criatura, ambicionava um destino autônomo e absoluto: queria ser «como Deus». A sua revolta começou, pois, por um movimento centrípeto, egocêntrico. As posteriores consequências seriam apenas um desdobramento deste primeiro movimento em que o *ego* do homem se colocava em claro antagonismo com o Ser inefável de Deus.

Este estigma, inoculado na sua natureza, nasce com cada ser humano, cresce ao ritmo da sua infância, acentua-se na adolescência — com os primeiros brotes do sentimento de independência e individualismo — e desenvolve-se à medida que a personalidade vai criando o seu próprio mundo: o mundo das suas ideias, das suas afeições e projetos.

Há, sem dúvida, em todo o ser humano uma tendência para as alturas, uma nobre ambição de desenvolver todas as suas potencialidades, porque o homem foi criado para Deus. A sua condição natural suspira por uma plenitude humana e espiritual à altura da sua dignidade de filho de Deus. Mas com esse desejo de crescimento mistura-se uma outra ambição, doentia, que consiste precisamente na supervalorização do próprio eu.

Este vai adquirindo uma importância tal que acaba por suplantar a própria realidade. Pouco a pouco, sem que o perceba, a pessoa vai deslocando o centro gravitacional de todas as coisas, que é Deus, para colocá-la no centro medular da sua própria existência. Chega assim a considerar-se, na expressão de Protágoras, *homo mensura*, a medida, o critério de todas as coisas: as coisas são altas ou baixas, são boas ou más, na medida em que sejam altas ou baixas, boas ou más *para ele*; as pessoas são agradáveis ou desagradáveis, idôneas ou imprestáveis, segundo tenham ou não a capacidade de integrar a máquina da sua própria felicidade. Sem reparar, vai-se tornando para si mesmo *Deus e mundo*.

O amor-próprio com relação a si mesmo

A IMAGEM DA PRÓPRIA PERSONALIDADE

Como poderíamos reconhecer, em primeiro lugar, o amor-próprio? Sem dúvida, pelo alto conceito que fazemos de nós mesmos.

Por um estranho mecanismo de autosugestão, tendemos paulatinamente a agigantar a nossa imagem. Tiramos dela os defeitos e acrescentamos virtudes; supervalorizamos os aspectos positivos e minimizamos os negativos. Lembro-me de ter visto, num livro dedicado ao estudo da personalidade, o desenho de um mesmo rosto visto de três ângulos diferentes: o da esposa, o dos filhos e subordinados e o do próprio interessado. Não é preciso dizer que este último era o mais agradável dos três. O primeiro parecia triste, acabrunhado; o segundo duro, impositivo; o terceiro simpático, jovial, sorridente... Será que sofremos nós também dessa miopia para os nossos defeitos e dessa hipermetropia para as nossas qualidades?

«Já ouvistes dizer — observa Mons. Escrivá — que o maior negócio do mundo seria comprar os homens pelo que realmente valem, e vendê-los pelo que julgam que valem. É difícil a sinceridade. A soberba a violenta, a memória a obscurece: o fato se esfuma, ou se embeleza, e encontra-se uma justificação para cobrir de bondade o mal cometido, que não se está disposto a retificar; acumulam-se argumentos, razões, que vão afogando a voz da consciência, cada vez mais débil, mais confusa»[2].

Kierkegaard escrevia a um amigo estas palavras reveladoras: «A tua principal função é a de te enganares a ti próprio e parece que o consegues porque a tua máscara é das mais enigmáticas»[3].

Esta função realiza-se através de diversos expedientes, entre eles a justificação das próprias falhas. Com efeito, depois de cometermos um erro, tendemos a procurar com a imaginação as causas atenuantes ou dirimentes da nossa responsabilidade. E pensamos: — Não, não fui eu, foram as circunstâncias; foi o cansaço, o excesso de trabalho, a provocação dos outros, a sua falta de compreensão...

Não observamos com frequência este tipo de reação? O estudante justifica diante dos pais a sua reprovação dizendo: «O professor é uma "droga"». O profissional, diante de um fracasso, alega: «No meio desta corrupção generalizada, nenhuma pessoa honesta pode ser bem-sucedida». Os pais que não se empenharam na educação dos filhos argumentam perante os seus desvios: «O ambiente está péssimo».

Lee Iacocca, presidente da Chrysler, recorda na sua autobiografia um dos conselhos que lhe deu Beacham, o seu chefe, quando trabalhava na Ford: «Tenha sempre em mente que todos erram. O problema é que a maioria nunca admite que a culpa foi sua, pelo menos se puderem dar um jeito: acusam a esposa, o síndico, os filhos, o cachorro, o tempo, mas nunca a si próprios. Por isso, se você fizer uma tolice, não me venha com desculpas — vá primeiro olhar-se no espelho. E depois venha falar comigo»[4].

O homem dispõe para cada um dos seus atos de um arsenal de motivos que lhe justificam o comportamento. A ciência da psicologia propagandística demonstrou que todos os impulsos de compra, até os mais absurdos, podem ser justificados mais tarde. Quando os homens adotam uma posição, geralmente defendem-na por amor-próprio até o último reduto.

Daí deriva um tipo de teimosia bem característico: o das pessoas que não sabem retificar as suas posições ainda que os argumentos contrários pareçam objetivamente certos. Não dão, como se diz, «o braço a torcer». Quem sai lucrando com essas falsas justificativas? Somente a nossa falsa imagem. Somente o orgulho. A personalidade verdadeira fica lá no fundo, abafada, atrofiada, condenada ao raquitismo pela insinceridade.

A INSINCERIDADE

Se tendemos a enganar-nos a nós mesmos, como escrevia Kierkegaard, mais ainda tendemos a enganar os outros.

Não há nada que não se tenha já inventado para ludibriar os nossos semelhantes: os cosméticos, as perucas, as plásticas, como também os sorrisos, as lágrimas, os silêncios, as insinuações, as omissões, os exageros, os fingimentos, as meias-verdades e as mentiras. Diante de um grupo de pessoas, parece que às vezes vem à mente um pensamento como este: dez rostos, dez máscaras, dez mistérios. Vemos apenas as sombras chinesas dos homens projetadas pelo foco da teatralidade.

A veneração pela própria imagem muitas vezes provoca a moda; e a moda, com frequência, não é outra coisa senão uma tentativa de dissimular os defeitos físicos. A moda do salto alto deve-se a Luís XV, que a adotou para disfarçar a sua pequena estatura; a moda do cabelo curto para as mulheres — *à la garçonne* — nasceu quando Maria Antonieta começou a perder o cabelo; a gola alta foi introduzida no Renascimento apenas porque Ana Bolena tinha um horrível defeito no pescoço[5].

Mas essas tentativas de escamotear os defeitos físicos têm um paralelo no terreno moral. As pessoas, em geral, silenciam a verdade sobre os seus erros e limitações. Nem os gênios ficam livres desta presunçosa tentativa. Michelangelo, antes de morrer, queimou grande número de desenhos: não queria que se conhecesse o laborioso processo criativo que precedeu algumas das suas grandes obras. O mesmo acontece no campo religioso. Quando o orgulhoso não consegue fazer-se admirar pelo brilho das virtudes, procura ser admirado pela discrição e modéstia da humildade. Weber observou: «Não conheço nada mais odioso do que um homem notoriamente modesto. É, sem dúvida, um vaidoso disfarçado»[6].

Este fenômeno torna-se particularmente agudo quando referido à esfera mais delicada da consciência: as pessoas pouco humildes, ou muito egoístas, sentem vergonha de confessar os seus pecados, que dissimulam, enfeitam ou silenciam. Encontramos aqui a explicação do motivo pelo qual, num mundo em que cresce de modo galopante o orgulho, diminui, na mesma medida, o sentido da culpa e a frequência da confissão sacramental.

Esta atitude contraria princípios elementares do desenvolvimento da personalidade. Há uma lei que paira por cima de toda a psicologia humana: não se supera aquilo que não se reconhece e se aceita. Na realidade, toda a base do tratamento analítico consiste em fazer descobrir ao paciente o que está escondido nos porões da sua alma. Mas o amor-próprio, origem de todas as neuroses, agarra-se com unhas e dentes às suas racionalizações, teima e insiste nas suas desculpas. Por isso reincide nos mesmos erros. E é por isso também que, ao justificar os seus descalabros, se incapacita para o crescimento e o progresso.

Não nos deveria surpreender esta íntima conexão entre insinceridade e soberba, porque aquele que encarna, por antonomásia, o orgulho — o próprio demônio — é esse a quem Jesus denomina *mentiroso e pai da mentira* (Jo 8, 44).

Todas as formas de insinceridade acabam por criar uma *dupla personalidade*: por um lado, a personalidade que se desenvolve na esfera imaginária inventada pelo orgulho, cheia de triunfos, qualidades e sucessos empolgantes; por outro, a personalidade que pertence ao mundo real, povoado de acontecimentos prosaicos, de defeitos e falhas, de fatos pouco interessantes e apagados, mas tanto mais tangíveis quanto menos desejados. Como todo o homem sente um impulso essencial para a unidade, tenta provar que a personalidade fingida — a brilhante, a genial — coincide com a personalidade real; ou, melhor, que a personalidade real é a fingida. É o que diz o poeta, nestes versos tão conhecidos: «O poeta é um fingidor, / finge tão completamente / que chega a fingir que é dor / a dor que deveras sente»[7].

Para tanto, utiliza muitos expedientes, especialmente a *representação teatral*. A família, a escola, o escritório, a reunião e a festa, o campo esportivo e a praia são muitas vezes o cenário onde o ator representa o papel daquilo que desejaria ser mas que, de fato, não é. Nesta representação, utiliza frequentemente o recurso dos disfarces e das máscaras; as máscaras do gênio, do conquistador, do virtuoso, do atleta, do artista, do bem-sucedido e do poderoso entram a fazer parte do vestuário principal desse comediante pertinaz, muitas vezes sucedendo-se umas às outras conforme as circunstâncias.

É triste a personalidade do homem orgulhoso e insincero. A sua complexidade e a sua insegurança deparam-lhe muitas mágoas e decepções. Não haverá na sua vida uma transparência pacífica, uma atitude solta, natural, espontânea, enquanto não se determinar firmemente a ser ele mesmo, e a sê-lo em profundidade.

A HIPERSENSIBILIDADE

Um fenômeno paralelo à insinceridade é a hipersensibilidade. A insinceridade esconde dos outros as limitações próprias; a hipersensibilidade ressente-se quando os outros as corrigem ou desvendam.

Em determinadas pessoas, nota-se um fenômeno singular: são extraordinariamente sensíveis para as coisas que lhes dizem respeito, e manifestam uma notável insensibilidade para as coisas que dizem respeito aos outros; têm uma epiderme delicadíssima — como a de uma criança — para os assuntos que as afetam, e uma pele paquidérmica para os assuntos que afetam os outros; possuem antenas potentíssimas que detectam a mínima suspeita e insinuação pejorativa de caráter pessoal, e pupilas cegas para aquilo que afeta ou magoa o próximo. Este fenômeno é outra decorrência do egoísmo.

Uma pessoa normal — quer dizer, uma pessoa consciente da sua própria realidade — não se irrita quando alguém de boa vontade a corrige ou lhe oferece uma crítica construtiva. Se é amadurecida, agradece. O orgulhoso, pelo contrário, sente a crítica como um ataque pessoal. Supervaloriza a correção com uma reação emocional. Como explicar a intensidade da sua ira? A sua explosão irracional só pode ser plenamente compreendida se se tiver presente que o seu mundo começa e termina nele. A sua personalidade e a sua segurança baseiam-se na falsa imagem inventada pelo seu orgulho. E quando alguém o critica, tem a sensação de que esse suporte começa a fragmentar-se, e experimenta a vertigem de quem sente o chão desaparecer-lhe debaixo dos pés. A sua ira intensa é como o instinto de defesa ou de conservação de um animal acuado. A sua agressividade é por isso, parodoxalmente, um claro sinal de insegurança.

O orgulho ferido pode ter ainda outra manifestação alternativa: a depressão. Há pessoas que não reagem violentamente, mas fecham-se em si mesmas, abaladas, tristes. É como se ficassem de «luto» diante desse formidável «eu» que sonhavam ser, e que acaba de morrer vítima de uma crítica ou de uma correção que lhes parece injusta.

Não são poucas as *vítimas* que encontramos ao nosso lado nem os que se deixam dominar pelo *complexo de Cinderela*. Ninguém se lembra de mim, não me tratam como mereço. Quando chegará alguém que reconheça as minhas qualidades? Em que momento serei libertada pelo *príncipe encantado*? Dá pena ver tantas pessoas reconcentradas sobre as suas pequenas feridas, chorando o hipotético abandono a que se sentem relegadas, remoendo as mágoas provocadas por supostas injustiças... Um miligrama de aparente desrespeito ou indiferença representa para elas um autêntico veneno. Daí a autopiedade, que é um sentimento mais comum do que se pensa: julga-se com frequência que se precisa de uma afeição especial, maior do que aquela de que precisam os outros. Este sentimento leva a justificar como legítima essa *chantagem afetiva* que aumenta as próprias dores para chamar a atenção sobre si.

Em todas estas manifestações, revela-se um *subjetivismo* muito próprio da pessoa imatura. Quanto mais imaturo ou mais primitivo for o ser humano, mais intensos serão os laços de referência pessoal que mantém com o meio ambiente. Para o homem das cavernas, um relâmpago significava um sinal do céu pessoalmente dirigido a ele; de modo paralelo, a impressão de que grande parte das coisas se referem a nós — tanto as elogiosas como as pejorativas — é um sintoma claro desse subjetivismo *primitivo*, característico das pessoas imaturas.

Há outras variantes desta hipersensibilidade, mas todas elas se sintetizam num tipo genérico de pessoa, consagrado por uma expressão comum: a pessoa *difícil*. É *difícil* falar com ela sem que fique ressentida; apesar de estar rodeada de solícitos cuidados, é *difícil* agradá-la; é *difícil* que se sinta à vontade num ambiente em que não seja ela o centro das atenções... Alguém dizia deste tipo de pessoas que, para relacionar-se com elas, é necessário estudar *trigonometria*. Nunca se pode abordá-las de forma simples e direta; é preciso ter muito cuidado, utilizar linhas quebradas, fazer triangulações...

Estas pessoas *difíceis* parecem estar sufocadas pela sua própria importância, pela importância que atribuem ao seu nome, à sua dignidade e à sua honra. Estão como que corroídas por uma doença epidérmica, por uma suscetibilidade alérgica a tudo o que de longe possa significar desrespeito ou falta de consideração. Isto as torna suspicazes, desconfiadas e melindrosas. Sofrem extraordinariamente.

Nunca chegaremos à objetividade e ao realismo da verdadeira maturidade enquanto não compreendermos que nós somos, em última análise, o que somos diante de Deus. E mais nada. O resto não importa.

O amor-próprio com relação aos outros

O amor-próprio tem ímpetos imperialistas. Não se resguarda apenas por detrás do escudo das desculpas e justificativas, nem se limita a defender-se com a espada da agressividade. Tende a expandir-se, e fá-lo de maneiras muito diversas. Vejamos algumas delas.

A VAIDADE

O homem vaidoso gosta das pessoas e das coisas quando refletem a sua própria imagem. O ser humano sente uma atração indeclinável pelos *espelhos*. Não somente por essas superfícies de vidro especialmente polidas para refletirem imagens, mas também por outras que não têm essa finalidade: a opinião pública em que se espelha a sua personalidade, as três linhas do jornal que falam da sua pessoa, o olhar dos mais próximos em que lê admiração...

Sim, talvez os espelhos que o homem mais procure sejam as pupilas das pessoas que o rodeiam, particularmente se estas são importantes. Parece que, em vez de esse homem olhar os outros para lhes descobrir as necessidades — que é o olhar de quem sabe amar —, olha-os apenas para descobrir o que pensam dele: «Gostou da figura que fiz? Pareceu-lhe interessante o meu ponto de vista, a agudeza da minha inteligência, a firmeza das minhas decisões?...» Interroga os outros não acerca deles, das suas coisas, mas apenas acerca de si próprio, como se as pessoas lhe interessassem unicamente na medida em que ele mesmo se reflete nelas.

À pessoa vaidosa, nada lhe provoca maior prazer do que experimentar a feliz excitação de que tudo se relaciona com ela, de que ao seu redor acontecem grandes coisas porque ela está presente, de que as circunstâncias e os ambientes adquirem vida e vibração porque ela lhes confere a voz e o brilho sem os quais permaneceriam miseravelmente mudos e apagados.

A vaidade encontra também o seu espelho nas obras que saem das nossas mãos. Remiramo-nos nelas para ver espelhada a nossa própria perfeição. Quando nos satisfazem, nelas nos demoramos contemplando a nossa beleza como a adolescente diante da sua penteadeira; quando nos desencantam, ficamos tristes como a senhora idosa que compara a imagem refletida no espelho com a fotografia da sua mocidade. É tão importante o reflexo emitido pelas nossas obras que gera essa ansiedade, esse desassossego e inquietação que se chama *perfeccionismo*.

O perfeccionista não se resigna a ver a sua imagem menos brilhante estampada num trabalho incompleto, numa aula, numa publicação, num jantar festivo, numa tarefa manual ou artística, num empreendimento qualquer que não chegue a ser uma obra-prima. Trabalha até o esgotamento, precisamente naquilo que mais se cotiza no mercado da opinião pública. Nesses trabalhos é escrupuloso, preocupado, minucioso, diligente, exaustivo. E em outros, que porventura são mais importantes, e que nunca aparecerão no seu currículo — como as ocupações básicas do lar, a educação dos filhos, o estudo de matérias pouco brilhantes mas fundamentais, a luta nos alicerces da alma por conseguir autênticas virtudes —, é desleixado, lento, despreocupado e negligente. Assim se explica a existência disso que poderíamos denominar a *preguiça seletiva*, a preguiça que se manifesta somente em face das ocupações menos atraentes. Trata-se de pura vaidade que, desmotivada pelo anonimato e ferida pela obscuridade, derrama por essa chaga aberta tédio, cansaço e modorra.

O deslumbramento do vaidoso — essa espécie de elefantíase personalista que o coloca no centro do universo — poderia encontrar uma imagem plástica na figura mitológica do *Narciso*. Narciso era um jovem extasiado pela sua própria beleza que, um dia, ao ver refletido o seu rosto nas águas de um lago, atraído por si mesmo, tentou abraçar-se e morreu afogado. É o que acontece com este tipo humano: termina afogado, asfixiado, pelo excessivo apreço que sente por si mesmo.

Eu, as minhas coisas, os meus problemas, os meus projetos, as minhas realizações... Há pessoas que só parecem ver o seu próprio rosto, que só sabem falar de si: os seus pensamentos parecem-lhes importantíssimos e as suas palavras são para elas a música mais melódica. A sua vaidade tem de coincidir necessariamente com a *verdade*. Os outros deverão concordar com as suas opiniões porque a razão indubitavelmente tem de estar com elas. A voz dos outros deverá ser como uma ressonância da sua. Se não for assim, surgirá a discussão ou a desavença. E, depois, um homem desses há de queixar-se de solidão. Pensará que todos o abandonaram, quando na realidade foi ele que se isolou no seu pedestal. Ninguém suporta a sua presença porque ninguém se resigna a não ter voz, a ser simplesmente eco. A solidão é o corrosivo que afoga a personalidade narcisista.

Gustavo Corção, em *Lições de abismo*, sintetiza o perfil da personalidade do vaidoso quando diz: todas as coisas, todas as opiniões «são como o espelho da sua própria importância, da sua própria face, que para ele é a grande, a única realidade, em torno da qual o mundo inteiro é uma imensa moldura»[8].

A INVEJA

A inveja, sem dúvida, tem muito a ver com a vaidade. Muitos fazem ao espelho da vaidade a mesma pergunta do conto de fadas: «Espelho, espelho meu, há alguma mais bela do que eu?» E quando a resposta é afirmativa, brota do coração o sentimento de inveja. Porque o amor-próprio e a vaidade desejam que cada um de nós seja o maior e o melhor: o melhor da escola ou do trabalho profissional, o atleta mais forte, a dona de casa mais extremada... Não há nada que deixe uma mulher mais feliz do que ouvir comentar: «Já viu a Clarice? Foi a mais elegante e a mais bonita da festa». E não há coisa que deixe mais triste uma mulher vaidosa do que não ser ela precisamente a Clarice.

Assim entendemos a definição de inveja dada por São Tomás: «Consiste na tristeza perante o bem do próximo, considerado como mal próprio porque se julga que ele diminui a própria excelência, honra e felicidade»[9].

O homem é alto ou baixo de acordo com um referencial. Em medidas astronômicas — de anos-luz — o quilômetro é uma bagatela; em parâmetros biológicos — de mícron —, o centímetro é uma monstruosidade. A altura da personalidade é medida muitas vezes pelo contexto humano que a rodeia e que lhe serve de referencial. Por isso se invejam habitualmente as pessoas que «elevam o nível»: o primeiro da classe, o artista genial, a pessoa bem-sucedida, o milionário, o executivo jovem e brilhante. São os que, com a sua dimensão, «fazem sombra». E surge o secreto desejo de que brilhem menos, de que de alguma maneira falhem: tristeza pelo sucesso alheio, alegria pelos erros que os outros cometem.

Daí brota o *espírito crítico* e todas as suas sequelas que, como imensa colônia de fungos, crescem na vida social: a murmuração, a difamação, a maledicência, a detração, a calúnia, o menosprezo, o mexerico. A crítica tende, em primeiro lugar, a diminuir os outros, a rebaixar o referencial para elevar quem a faz. É por isso que se criticam as pessoas e as instituições de destaque. «Só se jogam pedras na árvore que dá frutos». É a atitude da tia solteirona que fala mal do namoro da sobrinha; ou dos que criticam a mãe de família numerosa, que se dedica unicamente ao lar, ou o funcionário honesto, o cristão coerente, o marido fiel, apelidando-os de exagerados, «quadrados» ou «fanáticos»... A frustração, a impotência, a incapacidade manifestam-se aqui em forma de crítica.

Mas existe um segundo motivo: criticamos para consolar-nos. É tão «consolador» reparar nos defeitos dos «virtuosos», nas «gafes» dos diretores, na ignorância dos catedráticos, nos deslizes dos padres, nas limitações dos poderosos, na burrice dos sábios... Alegram-se os medíocres com os defeitos dos outros porque com eles se consolam dos seus próprios defeitos, avalizando com isso a verdade daquele outro provérbio tão antigo como expressivo: «Mal de muitos, consolo de tolos!»

A IRONIA

A vaidade provoca a inveja, a inveja o espírito crítico e este a ironia.

Entre a ira e a ironia há algo mais do que uma semelhança fonética; há uma analogia substancial. Todo o irônico é no fundo um agressivo que não se atreve a manifestar abertamente a sua crítica e recorre à máscara do falso humorismo. Denota um fundo perverso mais desagradável que a agressão direta, o insulto ou a crítica franca.

A ironia é a arma dos covardes. A pessoa vaidosa teme, por um lado, o ataque frontal, porque receia ser contestada com uma réplica que a humilhe. Mas, por outro, não é capaz de reprimir o seu desejo de ficar por cima. E nesse conflito opta pela solução dissimulada, camaleônica, do espírito ferinamente jocoso. É isso que explica, por exemplo, a frequência com que se maneja essa arma na ausência da pessoa visada, impedindo-a de se defender. A clandestinidade, a ação sorrateira, as alusões indiretas são todas elas um escudo protetor da covardia do homem irônico.

Existe um espírito chistoso, agradavelmente brincalhão, positivo; mas existe o espírito «engraçadinho», zombeteiro, que é no fundo um espírito demolidor. São Tomás[10] fala do *espírito motejador* como defeito oposto às virtudes da justiça e da caridade: é grave ridicularizar as coisas que dizem respeito a Deus, aos pais, aos superiores, aos que levam uma vida virtuosa. Dos que mofam e escarnecem das coisas divinas e da *simplicidade dos justos* (Jo 12, 4), também Deus se rirá deles: *Qui habitat in coelis irridebit eos* (Sl 2, 4). A terrível ironia de lá de cima descerá para ridicularizar a ironia daqui de baixo.

Comenta Garrigou-Lagrange que «o zombador que se quer fazer de engraçado e representar o papel de engenhoso, põe em ridículo o justo que aspira com seriedade à perfeição, sublinhando os seus defeitos e rebaixando as suas qualidades. Por quê? Porque percebe as suas próprias falhas na virtude e resiste a confessar a sua inferioridade. E então, por despeito, trata de diminuir o valor real e fundamental do próximo e a excelência da virtude. Agindo assim, atemoriza os fracos com as suas ironias e, ao mesmo tempo que se perde a si mesmo, consegue também perder os outros»[11].

Não é preciso ser psicólogo para compreender que esse tipo «gozador» é no fundo um agressivo fracassado que não se resigna com a sua pobre situação humana ou espiritual. Com os seus epigramas, com os seus trocadilhos, com as suas piadas mordazes, está dizendo em forma de troça o que os outros — e ele mesmo — não se atreveriam a afirmar ostensiva e diretamente. Na realidade, acaba por ser a vítima indireta dos seus ataques: o «engraçado profissional» acaba por ser o «bobo da corte»; ninguém o toma a sério.

O EGOCENTRISMO

Todas as manifestações que acabamos de analisar desembocam, como afluentes, no egocentrismo.

O egocentrismo é uma atitude absorvente que enxerga tudo através de um único prisma: o proveito pessoal. Poderia ser comparado com um câncer que devora tudo o que o rodeia ou com um imenso polvo que arteiramente envolve e atrai para si as vítimas que caem dentro do seu raio de ação.

O egocentrista vive de uma estranha lógica: tudo o que entra dentro do campo dos seus interesses deve entrar dentro do campo dos interesses dos outros. O que é do seu agrado deve ser do agrado de todos. A sua dor é a dor do mundo inteiro. O relógio da sua vida é o que cronometra o ritmo dos outros. O critério do *para mim* preside a todas as suas tomadas de posição: este acontecimento, esta circunstância, esta pessoa, que utilidade podem ter *para mim*? Esta é a sua eterna pergunta.

Há pessoas que têm como que atrofiada a grande e generosa dimensão do amor; parecem incapacitadas para pensar nos outros, só por causa dos outros. Os outros — pergunta-se a si mesmo o egocêntrico —, quem são *os outros*? Os «outros» são aqueles com quem faço, em proveito próprio, as minhas «tabelas»; os «outros» irão servir-me de degrau para me elevarem se estão no meu nível, e, se estão em nível superior, hão de ser bajulados a fim de me guindarem; os «outros», com as suas falhas e limitações, estão-me dando oportunidade para que as minhas qualidades brilhem; os «outros» hão de ser sempre o instrumento útil da minha própria realização.

Sem o perceber, em maior ou menor grau, o egocêntrico serve-se dos outros ou explora os outros. De certa forma, é um parasita. Não é difícil vê-lo na vida de família ou no trabalho profissional, aproveitando-se do espírito de serviço dos que o rodeiam; pedindo com facilidade ajudas e favores; procurando para si o melhor, no trabalho, no divertimento, no descanso, nas refeições; cochilando no seu comodismo;

fazendo prevalecer os seus duvidosos direitos ou correndo atrás deles de forma revanchista, quando de algum modo se sente preterido; apegando-se às coisas materiais, ao conforto, ao dinheiro, à segurança pessoal até às fronteiras da mesquinhez: o medo que tem de uma hipotética carência no futuro é paralelo ao descaso que manifesta pelas reais e patentes necessidades do próximo no presente.

Com frequência, o egocentrista não se revela de uma forma direta, unívoca, mas através de um comportamento duplo, de uma atitude oblíqua. É como se tivesse duas balanças: uma para se julgar a si mesmo e outra para julgar o próximo. São Francisco de Sales descreve-o assim: «Costumamos acusar o próximo pelas menores faltas por eles cometidas e a nós mesmos nos escusamos de outras bem grandes. Queremos vender muito caro e comprar o mais barato possível... Queremos que interpretem as nossas palavras benevolamente e, quanto ao que dizem de nós, somos suscetíveis em excesso... Defendemos com acurada exatidão os nossos direitos e queremos que os outros, quanto aos seus, sejam muito condescendentes. Mantemos os nossos lugares caprichosamente e queremos que os outros cedam os seus humildemente. Queixamo-nos facilmente de tudo e não queremos que ninguém se queixe de nós. Os benefícios que fazemos ao próximo sempre nos parecem muitos, mas reputamos em nada os que os outros nos fazem. Numa palavra, temos dois corações...: um — doce, caridoso e complacente —, para tudo o que nos diz respeito; e outro — duro, severo e rigoroso —, para com o próximo. Temos duas medidas: uma para medir as nossas comodidades em nosso proveito e outra para medir as do próximo igualmente em nosso proveito. Ora, como diz a Escritura, *os que têm lábios dolosos falam com o coração duplo...* E ter duas medidas —

uma grande, para receber, e outra pequena, para pagar o que se deve — é uma coisa abominável diante de Deus»[12].

O AMOR FALSO

O amor que encontramos na vida quotidiana está com frequência misturado com outras muitas motivações e segundas intenções. Como escreve Von Gebsattel, «debaixo da bandeira do amor, navegam muitas fragatas do egoísmo»[13].

Se observarmos atentamente, veremos que, quando se fala de amor, amiúde este amor é simples vaidade, ou uma forma de autoafirmação, ou uma maneira de satisfazer uma necessidade afetiva ou sexual, ou uma espécie de compensação de outras carências.

Por isso se pode dizer que, muitas vezes, o amor não é um antídoto do egoísmo, mas simplesmente a sua superestrutura. O homem pode ampliar o âmbito do «eu» com tudo aquilo que chama de «meu»: o *meu* marido, o *meu* apartamento, os *meus* filhos, a *minha* namorada, a *minha* profissão..., de tal maneira que o «meu» fica englobado dentro do «eu» como mais um círculo na espiral do egocentrismo. E assim, quando alguém diz, por exemplo, «amo muito o meu marido», está na realidade dizendo: «Amo muito o meu *eu*, por detrás do meu marido».

O amor é nesses casos uma forma transferida de egoísmo. Amamos fundamentalmente porque o objeto amado nos completa, nos satisfaz, integra-se na nossa personalidade como mais um elemento de realização pessoal. O ser querido, mais do que um destino peculiar que é preciso respeitar e fazer crescer, é um simples complemento do eu. E o amor, um bom álibi para que o nosso egoísmo se agigante.

Um homem pode transferir o seu narcisismo para uma mulher, quando a encara e trata como parte de si mesmo: um objeto de sua propriedade. Quantos casamentos fracassam porque, na verdade, os cônjuges não estão unidos por um amor mútuo, mas por um egoísmo a dois. Uma terceira pessoa que represente para um deles um maior coeficiente de felicidade pode desequilibrar em qualquer momento esse instável relacionamento egocentrista.

Teremos observado muitas vezes este fenômeno: o rapaz que traz a namorada «pendurada» do braço, como se fosse mais um enfeite da sua personalidade: tem um carro possante, umas roupas segundo a última moda e... uma namorada vistosa; poderá ser trocada por outra que lhe cause maior prazer ou lhe permita brilhar mais na sua roda de amigos. Aqui não se concede às pessoas o valor que têm *em si*, mas o valor que têm *para si*; não se pretende com o amor a felicidade do outro, mas fundamentalmente a felicidade própria e o próprio esplendor narcisista.

Em todas estas situações, sem se reparar, está-se *instrumentalizando* o amor e até a própria abnegação. Daí surgem duas atitudes concomitantes: o *amor possessivo* e os *ciúmes*.

O amor possessivo da mãe extremada, ou da inseparável esposa, às vezes não se poupa a sacrifícios para beneficiar o filho ou o marido, mas no fundo o filho e o marido são apenas acréscimos complementares, verdadeiros apêndices que aumentam de valor aos olhos da mãe e esposa na medida em que lhe satisfazem as necessidades maternais ou afetivas. Não existe aqui a união solidária — que exige independência e entrega — própria do amor autêntico, mas a união *simbiótica* ou *parasitária*.

Como movimento paralelo, aparecem os *ciúmes*. O menor indício de que a pessoa de quem se espera uma afeição desproporcionada dispensa a outrem a mesma atenção provoca um forte sentimento de contrariedade. O ciumento vive submetido a uma tensão que oscila entre a esperança de ser amado e a suspeita de ser menos querido ou de ser enganado.

Essa tensão pode representar um verdadeiro tormento.

Em todas estas manifestações, não encontramos a verdadeira expressão do amor maduro, mas apenas a sua forma incipiente ou larvada. O amor imaturo fala assim: «Amo-te porque me tornas feliz». O amor amadurecido, pelo contrário, expressa-se de modo diferente: «Sou feliz porque te amo». No primeiro caso, o amor é apenas um meio de a pessoa que ama se tornar pessoalmente feliz; no segundo, uma verdadeira entrega para tornar feliz a pessoa amada. O amor egoísta é uma hipertrofia do próprio eu; o amor autêntico, um veículo de doação generosa.

Aquele que ama verdadeiramente fá-lo por puro amor, sem segundas intenções, sem motivos secundários: ama com um amor coerente, simples, inteiriço. Com uma entrega total, no espaço — sem reservas — e no tempo — até à morte. Esse amor irrevogável chama-se *fidelidade*.

O amor-próprio com relação a Deus

O egoísmo é um movimento tão forte e profundo que quereria absorver, se fosse possível, até o próprio Deus. Não nos esqueçamos de que a tentação dos primeiros pais se concretizava nesta promessa: Se comerdes deste fruto, *sereis como Deus* (Gên 3, 4).

Há em muitos uma violenta tendência para se considerarem o centro do universo. Gostam de ser astros e de que os outros girem em torno deles, como satélites. Inclusive Deus.

A *egolatria* — essa tendência para nos adorarmos a nós mesmos — não se manifesta, porém, de uma forma direta. Parecer-nos-ia excessivamente pretensioso. Habitualmente, apresenta-se de forma disfarçada. Um desses disfarces é a *autossuficiência religiosa*.

Aproveitando o direito inalienável do ser humano de escolher a religião que esteja mais de acordo com os ditames da sua consciência retamente ilustrada, o orgulho — em vez de honrar como deve a verdade objetiva — tenta muitas vezes adaptar essa verdade aos desejos ou paixões de caráter subjetivo.

Se repararmos atentamente, veremos que certos problemas de fé que se denominam «intelectuais» são na realidade, muitas vezes, problemas «emocionais» ou «passionais». As dificuldades para aceitar a fé objetiva estão frequentemente subordinadas a questões de caráter «carnal», «visceral»: não se acredita porque a fé impossibilita a realização de outros objetivos fortemente desejados. Daí nasce a pretensão de conseguir uma *religião própria*, que se adapte perfeitamente aos desejos subjetivos.

E daí também a tendência, tão generalizada, de «interpretar» a doutrina evangélica ao sabor dos próprios gostos. Há pessoas que filtram os ensinamentos de Jesus Cristo para aproveitarem somente aquilo que lhes agrada; que com a sua atitude parecem arrancar as páginas comprometedoras do Evangelho — aquelas que falam de sacrifício, de pobreza, de humildade, de pureza de vida... — e acrescentar-lhes outras feitas à imagem e semelhança dos seus interesses.

Tenho pensado algumas vezes que essas pessoas se assemelham a um desses *ventríloquos* do teatro de marionetes. Constroem com quatro trapos — com quatro ideias esfarrapadas — um boneco em forma de Deus. E dialogam com ele. E ele lhes responde. E ficam satisfeitos. «Agora sim, posso adorar-te, meu Deus, sem me sentir humilhado. Agora dizes as palavras que eu quero ouvir». Mas não será que essas pessoas não reparam que o que lhes está falando não é Deus, mas — como o boneco do *ventríloquo* — o seu estômago, o seu sexo, o seu orgulho?... Esta egolatria disfarçada é a manifestação mais profunda — para não dizer mais diabólica — do orgulho e do egoísmo.

Há, sem dúvida, formas mais benignas de egolatria que convivem com uma vida religiosa às vezes bastante intensa. Há pessoas que não percebem que, no seu trato com Deus, o que fazem é procurar-se mais a si mesmas do que a Deus: lutam por conseguir virtudes, mais pelo prazer de se sentirem perfeitas do que para amar e para serem um bom instrumento de Deus; contristam-se com os seus defeitos e quedas mais porque tudo isso lhes desfeia a alma do que por verdadeiro pesar de terem ofendido a Deus; rezam pedindo a Deus consolações e favores, com o mesmo espírito interesseiro com que se pede um empréstimo a um banco. O místico alemão Eckart resumia esta mentalidade com a sua proverbial rudeza: «Há cristãos que tratam a Deus como se fosse a sua vaca leiteira»[14].

Uma tomada de consciência em profundidade deste amor-próprio espiritual — que se infiltra sutilmente no âmago da alma — deveria levar-nos a um desejo sincero de retificar seriamente as nossas intenções para evitar, de qualquer forma, acomodar Deus dentro dos planos pré-fabricados pelo nosso egoísmo e lutar — em sentido contrário — por entrar com absoluta disponibilidade nos planos determinados por Deus desde toda a eternidade.

Finalizando

O panorama que o egoísmo apresenta é de certa forma assustador, mas não nos esqueçamos de que todo o progresso interior reside praticamente na superação do amor-próprio. Por isso vale a pena tomar consciência de toda a sua virulência — sem poupar a nossa sensibilidade — para conseguir erradicar o mal pela raiz. Assim nos diz Benedikt Baur: «Toda a perfeição, toda a santidade, todo o progresso espiritual se fundam na destruição do amor-próprio.

Só sobre as suas ruínas se pode erguer de novo um edifício em que Cristo viva e reine»[15]. E Santo Ambrósio: «Vencer o amor-próprio é vencer tudo»[16].

Por isso se torna importante o conselho dado por Fénelon, quando convidava uma senhora que procurara a sua orientação a não fechar os olhos à sua própria realidade: «Cede diante de Deus e acostuma-te a considerar-te vã, ambiciosa da amizade dos outros, tendendo incessantemente a tornar-te ídolo de alguém para seres ídolo de ti mesma, ciumenta e desconfiada sem medida. Só no fundo do abismo encontrarás onde firmar os pés. É preciso que te familiarizes com todos esses monstros. Só desse modo acabarás com a ilusão da delicadeza do teu próprio coração. Importa ver sair dele toda essa infecção; importa sentir-lhe toda a podridão. De tudo aquilo que não se patentear aos teus olhos, nada sairá; e tudo o que não sair será veneno absorvido e mortal. Queres apressar a operação?

Não a interrompas. Deixa a mão crucificante agir com toda a liberdade; não lhe fujas às incisões salutares»[17].

O egoísmo é o amor às avessas. Para passar do egoísmo ao amor, é necessário dar-lhe uma revirada de cima a baixo, um giro de cento e oitenta graus. O egoísmo está tão arraigado em nós que não cabem as meias soluções. A luta contra esta hidra de sete cabeças, com a qual o comparam, não tem trégua nem quartel. Quando lhe cortamos uma cabeça, nasce outra. Expressa-o bem um pensamento que já se incorporou ao acervo da doutrina cristã: o amor-próprio morre meia hora depois de nós termos morrido.

Por isso é preciso perder o medo de olhá-lo de frente, de «familiarizar-se com ele», como dizia Fénelon: «Só no fundo do abismo encontraremos onde firmar os pés».

Mas devemos ainda ter sempre em mente que a forma mais positiva de superar o egoísmo é amar. Amar como Cristo amou. Para evitar que o frio entre numa casa, pode-se proceder vedando todas as frestas, mas também acendendo um bom fogo na lareira. O mesmo se pode dizer a respeito do egoísmo: podemos lutar contra ele procurando impedir que entre no nosso coração, vigiando as suas manifestações, mas podemos também acender no nosso coração o grande fogo do Amor de Cristo. Quem ama cauteriza todas as feridas do egoísmo.

Assim nos ensinou a proceder o Apóstolo Paulo. Em vez de descrever-nos diretamente a maneira como devemos combater o egoísmo, no-lo mostra exatamente às avessas, através do prisma do amor: *O amor é paciente, é benigno, não é invejoso, não é jactancioso, não se incha; não é descortês, não é interesseiro, não se irrita, não pensa mal; não se alegra com a injustiça, compraz-se na verdade; tudo perdoa, tudo crê, tudo espera, tudo sofre* (1 Cor 13, 4 e ss.).

O AMOR

Deus é amor (1 Jo 4, 16). Deus criou-nos por amor e tirou-nos do nada para que pudéssemos amar. O amor é a lei suprema do cristianismo: *Amarás o Senhor teu Deus com todo o teu coração, com toda a tua alma, com todo o teu entendimento. Este é o primeiro e o maior mandamento. O segundo é semelhante a este: Amarás o teu próximo como a ti mesmo. A estes dois mandamentos se reduz toda a lei e os profetas* (Mt 22, 37-40).

São palavras do Senhor que se prolongam naquelas outras que proferiu na Última Ceia, com o sabor de um testamento: *Um mandamento novo vos dou, que vos ameis uns aos outros como eu vos amei. Nisto reconhecerão todos que sois meus discípulos* (Jo 13, 34-35).

São grandiosos os acentos da palavra do Senhor quando nos fala da humildade, da pureza, do desprendimento, da obediência, da pobreza, mas a nenhuma dessas virtudes deu Ele a característica de peculiaridade distintiva dos seus discípulos. Somente ao amor.

É desse amor que falaremos agora, como uma ressonância dos profundos ensinamentos de Cristo. Uma ressonância que nunca se poderá apagar no seio da grande família da Igreja, porque, se esse amor morre, com ele morrerá também o próprio cristianismo. Para que isso não aconteça, poderíamos dirigir uma pergunta ao Mestre, como tantas vezes o fizeram os Apóstolos: «Que significa, Senhor, a expressão *amai-vos uns aos outros?* Quem são os outros e o que querias dizer quando falavas de amá-los?»

Os outros, poderia responder-nos o Senhor, são os que estão ao teu lado — os teus pais, os teus irmãos, os teus parentes, os teus amigos —, a quem deves tratar de um modo especial. Mas os outros são também os que estão um pouco mais afastados: os vizinhos, os colegas, os superiores, os subordinados, aqueles que encontras habitualmente no teu dia a dia — o porteiro, o ascensorista, o trocador do ônibus, a balconista da loja ou da padaria... E ainda os desconhecidos: o mendigo que te pede esmola, o pipoqueiro, o funcionário do guichê... Esses são *os outros*, Senhor? Sim. Mas, se queres chegar ao seu completo significado, deverás entender que os outros são também esses que talvez denomines «inimigos»: as pessoas que te tratam com indiferença ou de forma injusta, que te criticam, que te olham e se dirigem a ti agressivamente, os importunos, os antipáticos... esses também são *os outros*.

E amar? Que significa amar? Amar não é um simples impulso, um mero sentimento. É um verbo de múltiplas e diversas acepções, algumas equívocas, outras difíceis de conjugar; tem muitos tempos e formas; mas, se realmente queres amar como Eu amei, terás que chegar ao fim do seu significado. E esse fim está encerrado nestas palavras: *Ninguém tem maior amor do que aquele que dá a vida por seus amigos* (Jo 14, 13). Quando puderes dizer como Eu disse na Cruz: *Tudo está consumado* (Jo 19, 30), tudo o que poderia ter dado, eu o dei até à última gota do meu sangue, então terás esgotado o significado do verbo amar.

Saber olhar. Respeitar

«Nada se pode amar se antes não se conhece»[18], diz um princípio filosófico clássico; e um outro completa-o acrescentando: «Nada pode ser conhecido pela inteligência se antes não for captado pelos sentidos»[19], pela percepção sensível. Aprender a perceber e a enxergar é a primeira exigência do amor.

Há duas formas de olhar. É o que nos revela a parábola do samaritano: o sacerdote, ao deparar com um homem ferido que jazia à beira do caminho, «*vendo-o*, passou de largo»; mas um samaritano «*vendo-o*, compadeceu-se dele» (Lc 10, 31-35).

O olhar indiferente e frio — egoísta! — do *sacerdote* — do homem «bom», «piedoso», do homem ocupado com o cumprimento dos seus deveres «religiosos» — e o olhar sensível, acolhedor do *samaritano* — do homem considerado religiosamente marginalizado — indicam não apenas duas formas de percepção, mas dois modos substanciais de ser.

É por isso que olhar como Cristo nos ensinou a olhar na parábola do bom samaritano é começar a percorrer o itinerário do seu amor: é saber enxergar os outros no fundo das suas vidas; olhá-los não apenas como indivíduos isolados, números que integram quantitativamente uma massa, mas distingui-los qualitativamente pelas suas características peculiares, pelo seu destino único, irrepetível; ir encontrá-los mergulhados nos seus projetos vitais, talvez no seu drama íntimo, para resgatá-los do anonimato, da solidão...

Há solidões imensas e pequenas solidões. Todos nós já sentimos alguma vez as suas mordidas, porque todos nós necessitamos do afeto e da companhia que por vezes nos faltam.

Certamente você já esteve alguma vez numa numerosa reunião, talvez numa festa, em que todas as pessoas se conheciam, falavam entre si, e você, a um canto, como um desconhecido, parecia pertencer ao mundo do inexistente ou do inanimado; e de repente algum amigo se aproximou e disse-lhe: «Você por aqui, que bom!... Mas está sozinho! Venha cá, vou-lhe apresentar toda esta minha gente». E naquele momento você sentiu que voltava ao mundo dos vivos.

Esta experiência tão simples não será suficientemente reveladora para mover-

-nos a prestar mais atenção aos outros, para compreender que eles — tanto como nós — precisam ser reconhecidos não apenas como seres humanos individuais, mas como *pessoas*, com uma identidade insubstituível? Que alegria dá quando, ao cabo de um longo tempo sem nos vermos, um antigo colega de escola, um professor, um parente afastado nos chama pelo nosso nome e se lembra de um detalhe significativo da nossa vida ou nos pergunta amavelmente: «Que se passou com aquele problema que tanto o preocupava?»

Queixamo-nos de que vivemos num mundo de rostos frios, fechados, e não compreendemos que o mundo é como um espelho que reflete o nosso próprio rosto: o nosso mau humor, a nossa atitude dura, reservada... Abramo-nos aos outros com uma palavra atenciosa, com um sorriso, e eles se abrirão a nós: o espelho do mundo que nos circunda mudará de feição. Pensemos nisso todos, mas singularmente aqueles que — como o pai, a mãe, o irmão ou parente responsável, o sacerdote, a religiosa, o professor, o médico, a enfermeira, o superior, o chefe — têm a respeito dos outros uma inegável influência pelas suas responsabilidades.

Mas há também solidões imensas. Recordo-me de um episódio que aconteceu há algum tempo.

Um cego na calçada esperava por alguém que o ajudasse a atravessar a rua. Ofereci-lhe os meus préstimos e agradeceu. Era um homem de uns 60 anos. Bem vestido. Não era um mendigo. Tinha, no entanto, um ar de tristeza no rosto. No meio da travessia, agarrou-me mais fortemente o braço, encostou levemente a sua cabeça no meu ombro e começou a chorar. Era um gemido silencioso. Ao chegarmos ao outro lado da rua, perguntei-lhe se se sentia mal. Respondeu-me de uma forma suave, muito consciente — percebia-se que era um homem inteligente —, que não se sentia mal na acepção comum da palavra, mas que estava sentindo um grande mal na alma. E acrescentou textualmente: «Sinto-me só, muito abandonado. E a solidão é pior do que a cegueira. Quando se é cego e alguém nos acompanha com carinho, há sempre luz lá por dentro. O pior é quando tudo está apagado». Impressionou-me extraordinariamente. «Posso ajudá-lo em alguma coisa?» «Não. Reze por mim, acrescentou, intuindo que eu entendia essa dimensão religiosa. Será uma boa companhia».

Pensei então em tantos que talvez tivessem passado ao meu lado, que não eram cegos, mas que sentiam que lá por dentro estava tudo apagado... e eu não o percebi. Quantas pessoas vivem juntas em solidão! A crise atual, sem dúvida, é uma crise de corações disponíveis.

As pessoas silenciam com frequência as suas fraquezas e necessidades. Umas vezes, por pudor ou vergonha, outras para não darem trabalho ou desgostos, outras por orgulho, para não revelarem as suas limitações ou reconhecerem a superioridade de outrem. Mas, apesar de tudo, sofrem. É preciso ajudá-las, ainda que deem a impressão de não quererem ser ajudadas. E para tanto é necessário ter nos olhos as pupilas de Maria, quando nas bodas de Caná foi a única que reparou que já faltava vinho naquela festa e pediu a intervenção do Filho.

É comum ouvir dizer que «é necessário saber olhar nos bastidores». Uma coisa é o drama representado no palco e outra o drama da vida. Muitas vezes, um sorriso amável nos lábios esconde a mágoa de uma vida infeliz lá no fundo da alma do ator... Há detalhes significativos — um remendo no paletó, um insólito descuido no vestir, uma estranha preguiça no trabalho, uma atitude ríspida, um rosto triste... — que, vistos com um olhar superficial, podem levar simplesmente à crítica leviana. E, no entanto, alguma coisa deve estar acontecendo nos bastidores. Talvez nas dobras do paletó grosseiramente remendado se possam ver os apertos de uma esposa fazendo milagres com um orçamento doméstico empobrecido; no fundo do descuido no arranjo feminino, ou na preguiça habitual, uma desmotivação espantosa perante a vida e o amor; no âmago de um olhar apagado, um problema afetivo ou espiritual; por trás de uma atitude ríspida, um destino frustrado, que pede compreensão e não crítica.

Às vezes, os nossos julgamentos são excessivamente primários e superficiais. Sentenciamos: não presta, não trabalha, só pensa nele, é muito antipático, fechado, altivo... Mas por quê? O que é que há por trás de tudo isso? Talvez o mal dessa pessoa seja mais íntimo. Talvez sofra de uma doença moral: está desmotivado, ou sofreu uma forte decepção, ou está carente de amor, ou bloqueado pelo medo, ou falta-lhe a luz e o calor da fé... É até aí, até essa camada mais profunda que devemos chegar. O amor tem que perfurar a placa translúcida do olhar superficial que nos faz deter-nos na aparência das coisas.

Os *preconceitos* são outro dos bloqueios que nos impedem de ver a pessoa humana na sua verdadeira dimensão. Cada um de nós nasceu no seio de uma família, cresceu num determinado meio social e cultural, formou-se em determinado ramo profissional, dedicou-se a algum tipo de trabalho concreto... Tudo isso foi criando em nós uma mentalidade peculiar, às vezes limitada, ou pelo menos especializada, e com frequência, sem o percebermos, servimo-nos dela como parâmetro absoluto para julgar os outros: não entendemos bem aqueles que não cabem dentro do nosso padrão mental e julgamo-los sumariamente, segundo critérios estreitos e cortantes, talvez provincianos.

A nossa cabeça parece estar cheia de gavetas rotuladas, pelas quais vamos distribuindo as pessoas das nossas relações: engenheiro, advogado, artista, operário, estrangeiro, brasileiro, branco, preto, caipira, culto, grosseiro, santo, pecador... E vamos colocando nas costas dessas pessoas um cartaz identificador que parece esgotar o quadro completo da sua personalidade.

Com que vivacidade reagia o Senhor em face da mentalidade redutiva de que padeciam os seus contemporâneos! Uma mulher a quem Ele pedira um pouco de água perguntou-lhe: *Como é que tu, sendo judeu, pedes de beber a mim, que sou samaritana?* (Jo 4, 9). E Jesus abre-lhe dilatados horizontes, que rompem fronteiras e preconceitos, ao responder-lhe que Deus é espírito e paira por cima dos lugares, das ideologias, das raças e dos tempos. Claramente o entendeu São Paulo quando escrevia: *Não há judeu nem grego, nem escravo ou homem livre... Sois todos um em Cristo* (Col 3, 11).

Não identifiquemos as pessoas pela nacionalidade, pela raça, pelo grupo social, pelo partido político, pela religião. Superemos essa visão simplista que acaba por ser deformante e caricaturesca. «Não julguemos o homem segundo a categoria a que pertence» — escreve Gheorgiu, que sofreu na sua carne o julgamento preconceituoso do comunismo. «A categoria é a mais bárbara, a mais diabólica das aberrações produzidas pelo cérebro humano»[20]. O homem não se reduz a uma categoria. É um universo.

Saber olhar é, em última análise, saber superar as muralhas de uma visão egocêntrica para ver o homem como Deus o vê, não do lado de cá — do lado do subjetivismo unilateral —, mas do lado de lá — do lado da abertura e do mais amplo realismo —, que fica para além do espaço e do tempo, que se abre para a infinita sabedoria e a eterna misericórdia.

Esta forma de olhar em profundidade chama-se simplesmente *respeito*; uma palavra que deriva precisamente do verbo *respicere*, que significa *olhar*.

Respeitar é reconhecer a dignidade de um ser humano, que é filho de Deus, que foi redimido pelo sangue de Cristo, que vale mais do que todos os universos criados; é descobrir o outro no mistério único da sua personalidade concreta.

Respeitar é acolher a maneira de ser do outro, é não ferir a sua privacidade, os seus sentimentos e o modo peculiar como esses sentimentos se expressam em determinados momentos. Há circunstâncias tão delicadas — como a morte de um ente querido, o diagnóstico de uma doença fatal, uma separação dolorosa — em que talvez uma ajuda explícita não consiga entrar em sintonia com um estado anímico determinado. Qualquer iniciativa nesse sentido poderia perturbar em vez de acalmar, especialmente se se trata desses consolos de praxe, dessas fórmulas convencionais de condolência, ou desses conselhos de otimismo superficial — tenha um «pensamento positivo», dizem simplesmente — dados com a intenção leviana de estimular a pessoa deprimida. O respeito nesse caso consistirá em ficar ao lado dela, em silêncio, talvez apenas escutando atentamente. E mais nada. Quanto não teriam consolado Marta e Maria as lágrimas de Jesus junto do sepulcro do seu amigo Lázaro! Que forças não daria ao Senhor a presença silenciosa, a oração calada de sua Mãe ao pé da Cruz! Talvez assim chegue um dia em que seja possível, mansamente, desviar a atenção de quem sofre para um mundo superior, onde o sofrimento se torna redenção.

Sintonizar, essa é a palavra. Praticar essa arte maravilhosa de que nos fala São Paulo: alegrar-se com os que estão alegres, afligir-se intimamente com os que sofrem, fazer-se tudo para todos para salvar a todos (cf. Rm 12, 15). Como é grande o alívio que experimentamos em certas ocasiões, quando alguém se mostra disposto a escutar-nos com atenção e amabilidade! E também, em muitas outras oportunidades, quando agradecemos a quem sabe acolher-nos benignamente tal como somos: sem nada pedir, sem nada reclamar! Talvez ao longo do caminho da vida já tenhamos encontrado alguns desses seres humanos — tão incomuns — que em tudo nos aceitam, que em nada nos julgam ou criticam, e no entanto nos impulsionam para os cumes... Como se na sua presença sentíssemos a comunicação de uma serenidade superior, semelhante à que nos transmite um céu estrelado aberto aos mistérios de Deus, um mar sereno, uma criança aconchegada no seio materno...

Essa experiência íntima convida-nos a pensar que nós mesmos podemos converter-nos num desses seres — tão difíceis de achar — que lembram a figura de Cristo que passa à beira de qualquer necessitado.

Compreender

Esse olhar a que nos referimos leva não só a reconhecer e respeitar o ser humano, mas a compreendê-lo.

Porque conhecer não basta. É preciso ir além. Um médico pode conhecer em profundidade o quadro clínico de um doente, ter sobre ele dados exaustivos em nível científico — análises, cardiogramas, encefalogramas, tomografias computadorizadas... — e, no entanto, estar muito aquém do conhecimento humano que tem sobre o doente a sua própria mãe, porventura ignorante ou inculta. A mãe *sabe* mais porque o seu conhecimento se enraíza numa carinhosa compreensão.

Quem compreende interna-se de alguma maneira na personalidade do outro, vive as suas penas e alegrias e ufana-se com os seus ideais e empreendimentos. Desta forma, compreender vem a ser — mais do que um mero conhecimento racional — uma tarefa da mente feita com o coração: *um conhecimento cordial*.

Sabemos muitas coisas, mas compreendemos poucas, porque não nos interiorizamos cordialmente na vida dos outros, não nos colocamos no seu lugar.

Sabemos que há pessoas tão tristes e frustradas que chegam a pensar em tirar a própria vida, mas não nos angustiamos porque não sabemos o que é viver dominado pela depressão — indefeso — quando falta o sentido cristão da existência e da dor. Sabemos que muita gente ganha apenas um salário mínimo, mas não nos afligimos porque talvez nunca tenhamos tido que alimentar uma família numerosa com recursos tão reduzidos. Sabemos que os hospitais públicos estão repletos de doentes mal atendidos, mas não nos penalizamos com isso porque nunca experimentamos o que é sofrer e agonizar no meio da solidão... A nossa inteligência sabe muitas coisas, sim, mas o nosso coração continua a ignorá-las.

A compreensão abrange três planos ascendentes: querer bem aos outros como eles são; querer-lhes bem com os seus defeitos; querer-lhes bem precisamente porque têm defeitos.

Querer bem aos outros *como eles são*. E poderíamos perguntar: como é que eles são? São simplesmente diferentes. É preciso amar não apenas o que nos une, mas também o que nos diferencia.

Há pessoas *monovalentes*, que gostam exclusivamente de um determinado tipo humano: dos que são um eco da sua própria voz. Parecem aquele «samba de uma nota só». Tornam-se incapazes de ter esse coração universal que é sinônimo de *católico*.

Lembro-me do que aconteceu com um amigo do colégio. Num teste, perguntaram-nos de que cor gostávamos mais. Ele, de uma forma um tanto precoce para os seus nove anos, respondeu: «Gosto do azul do mar e do vermelho do sangue, mas não gosto do "mar vermelho" nem do "sangue azul"». Na realidade, vinha a dizer que gostava de todas as cores, quando ocupam o seu lugar. Ou, se o quisermos aplicar ao nosso caso, que cada pessoa tem uma «cor», uma forma de ser, uma função a desempenhar, uma missão a cumprir. Por vezes, a falta de compreensão deriva da incapacidade que alguns têm de captar essa verdade muito simples e muito necessária; a cada personalidade diferente corresponde também uma função diferente.

Certa vez, um rapaz ainda bem novo deu uma excelente lição de compreensão à sua mãe, que se queixava constantemente da empregada: «Não sabe fazer isto, não sabe fazer aquilo, é uma burrinha, estou tentada a mandá-la embora...» Um dia, depois de ouvir toda aquela ladainha, o rapaz disse à mãe: «Você paga-lhe o salário mínimo; se ela fosse tão delicada e inteligente como você quer, não trabalharia aqui como empregada, seria professora ou secretária executiva, ganhando dez vezes mais... Portanto, de duas uma: ou deixamos de falar mal da empregada ou arranjamos uma secretária executiva».

Em todos os terrenos da vida social podem acontecer situações semelhantes, que exprimiríamos simplesmente com aquele dito bem brasileiro: «Se não fosse o verde, que seria do amarelo?» Há pessoas que dão a impressão de terem *icterícia psicológica*: veem tudo amarelo, tudo tem que ser do seu jeito. Não percebem que os contrastes cromáticos possibilitam o quadro da vida; que qualidades e funções diferentes representam ordem e eficácia; que o pluralismo que não compromete a verdade — a legítima diferença de opiniões — é um sinal claro de liberdade. E sem liberdade não existirá nunca nem humanismo nem cristianismo.

COM OS SEUS DEFEITOS

Compreender significa também acolher os outros *com os seus defeitos*.

Apesar de o enunciado parecer razoável, inclinamo-nos, contudo, a seguir a direção contrária precisamente por tendermos a ver antes os defeitos dos outros do que as suas virtudes. Milhares de pessoas já passaram por experiências semelhantes: aquele homem — normal em todos os sentidos — que, no entanto, tinha um nariz proeminente, teria que levar durante toda a vida, pendurada nas costas, a alcunha depreciativa inventada pelos seus colegas do primário: «jumbo», o elefantinho.

Há pessoas que mantêm pela vida afora essa mentalidade gozadora, imatura. Mas, para além da imaturidade, essa atitude tem também uma raiz psicológica: consideramos as falhas dos outros como um veículo de autoafirmação. Reparando nos defeitos alheios, ressaltamos por contraste — assim pensamos — as nossas virtudes, aliás tão mesquinhas... E, no entanto, desse modo, acabamos demonstrando exatamente o contrário: a nossa ótica doentia, defeito porventura pior do que aquele que exageradamente criticamos. Bem clara é neste sentido a sentença do Evangelho: *Reparam na palha no olho alheio e não enxergam a trave no próprio* (Mt 7, 3). Pela maneira como observamos os defeitos alheios, revelamos os nossos. A todos os aspectos da personalidade humana se pode aplicar o agudo pensamento de La Rochefoucauld: «Se a vaidade dos outros nos irrita, é porque fere a nossa»[21].

Mas o nosso egoísmo serve-se ainda de outro expediente. Alegamos não poder compreender os outros porque não se encaixam num determinado «ideal de perfeição» que nós mesmos criamos. Imaginamos modelos abstratos, forjados ao sabor dos nossos gostos: os pais, os irmãos, os amigos, os colegas, os superiores têm que corresponder a esse tipo ideal para que caibam dentro da nossa reduzida capacidade de compreensão. Às vezes pensa-se: «Como eu gostaria do meu pai ou da minha esposa se não tivesse esse defeito... Assim como são, não é fácil tratá-los com carinho».

Pensar assim não é apenas um egoísmo revestido de aparente nobreza de sentimentos, mas uma absoluta falta de perspectiva. Porque os seres ideais não existem; o que existe na realidade são seres concretos, com as suas limitações, defeitos, imperfeições e fraquezas. Se só pudéssemos amar os que são perfeitos, não amaríamos ninguém. Os orientais têm um provérbio divertido: «Só existem dois homens perfeitos: um não nasceu, o outro já morreu».

Num sentido paralelo, se desejássemos para os outros o que desejamos para nós, procederíamos de maneira mais justa. Em todos nós há um desejo íntimo de sermos compreendidos e acolhidos. Às vezes, receamos ser mal interpretados ou que as nossas falhas sejam aumentadas e distorcidas. Agradecemos quando os outros sabem encontrar delicadamente uma desculpa, uma saída honrosa para os nossos pequenos ou grandes defeitos... Sim, não há quem não sinta o anseio profundo de ser compreendido exatamente como é, com as suas luzes e as suas sombras, com as suas qualidades e os seus defeitos, com as suas virtudes e os seus pecados... Esta experiência íntima deveria levar-nos a proceder com os outros tal como gostaríamos que os outros procedessem conosco.

Devemos ir inclinando suave e decididamente as nossas tendências para interpretar a personalidade dos outros não pelo prisma dos defeitos, como fazem os caricaturistas, mas pelo ângulo das virtudes, como fazem as mães, que sabem ver virtudes onde os outros só veem defeitos.

Existe um preconceito comum: «Pensa mal e acertarás». Deveríamos empenhar-nos em implantar no nosso cérebro uma outra mentalidade: o maravilhoso *preconceito psicológico de pensar e julgar favoravelmente*[22], procurando o lado bom que nenhuma personalidade deixa de ter, compreendendo que a sombra dos defeitos não deveria tirar o brilho das qualidades mas, ao contrário — como nos esplêndidos quadros de Rembrandt —, as sombras deveriam tornar mais vivas as luzes; alegrando-nos e admirando-nos sinceramente com os êxitos dos outros, apesar de estarem pontilhados de malogros; tendo por princípio um olhar benevolente, mais ainda, *admirativo*, para com todas as pessoas. Assim no-lo recomenda Chevrot: «Não é verdade que a atitude de admiração nos transmite paz e força precisamente por ser uma forma de oração?» É a admiração que devemos a Deus e a todos os filhos de Deus.

Entendemos os erros dos outros quando sentimos o peso dos nossos. Em contrapartida, não conseguimos compreender os outros quando estamos excessivamente convencidos das nossas qualidades. Como víamos atrás, o nosso amor-próprio deslumbra-nos. Que acertadas são as palavras de *Sulco*: «Dizes que o outro está cheio de defeitos. Muito bem... Mas, além de que os perfeitos só se encontram no Céu, também tu arrastas os teus defeitos e, no entanto, suportam-te e, mais ainda, estimam-te: porque te querem com o amor que Jesus Cristo dava aos seus, que bem carregados andavam de misérias! Aprende!»[23]

Acompanhei não há muito tempo um incidente familiar característico. O pai passava a vida recriminando os filhos pelo pouco cuidado que tinham com o carro: sujeira, pequenos acidentes, batidas na lataria. «Não há orçamento que aguente!» Era frequente ouvir-lhe em casa essa exclamação. Até que um dia foi ele próprio quem bateu, e bateu feio. Demorou em chegar a casa. Temia enfrentar os filhos. Por fim decidiu-se. Ficou admirado. Todos o acolheram com a maior compreensão: «Não foi nada, pai; não tem importância». Um deles acrescentou: «Conheço um mecânico amigo; vai ser uma *barbada*». Experimentou um alívio extraordinário. Dizia-me: «Pode parecer uma bobagem, mas naquele momento senti-me tão comovido que tive vontade de chorar e de abraçá-los um por um...» A partir daquele dia não houve mais reclamações.

Um insignificante episódio caseiro, que lembra tantos e tantos outros, e que nos coloca, contudo, diante de uma verdade essencial: o conhecimento da nossa própria fraqueza, o sentimento de desagrado e tristeza que nos provocam as nossas limitações e erros, levam-nos a compreender melhor os defeitos dos outros. Por isso, também neste ponto, é indispensável um profundo e humilde exame de consciência diário. Se diariamente tomássemos consciência dos nossos próprios deslizes e pecados, se não os desculpássemos com falsas justificativas, se deixássemos que a dor de ter ofendido a Deus e ao nosso próximo penetrasse mais fundo na nossa alma, então também diariamente saberíamos compreender melhor os outros e nos disporíamos, não tanto a criticar e a recriminar, mas a estimular e a encorajar.

Compreender é, enfim, amar os outros *precisamente porque têm defeitos*.

É natural que não entendamos bem esta maneira um tanto insólita de enunciar o terceiro plano da compreensão. Que quer dizer aqui a palavra *precisamente*? Quer dizer uma coisa muito simples: os que verdadeiramente amam — como os pais — tratam com especialíssimo carinho o filho que tem maiores problemas; devotam-se de corpo e alma ao filho excepcional; envidam esforços para levar adiante nos seus estudos aquele que é curto de cabeça; rezam e sacrificam-se por aquele que se desviou, para que volte ao caminho certo. Isto não tem nada de estranho; é, pelo contrário, uma sublime delicadeza de amor.

Já reparamos na atitude de Jesus para com Zaqueu?

Zaqueu era considerado publicamente um *pecador* (Lc 19, 7). Quando o Senhor o viu subido ao sicômoro, falou-lhe como se o conhecesse desde sempre. Disse-lhe com uma familiaridade encantadora: *Zaqueu, desce depressa, porque hoje devo ficar em tua casa* (Lc 19, 5).

Zaqueu era o nome com que o chamava a sua mãe. Talvez não o ouvisse há muito tempo, pronunciado naquele tom de voz comovido. Ao passar pelas ruas — como era publicano, cobrador de impostos, homem de má fama —, talvez ouvisse insultos e reclamações. Por isso, provavelmente, fora-se fechando cada vez mais e é de crer que procurasse desforrar-se de todas as maneiras: seria duro nas suas exigências, defraudaria os outros servindo-se da autoridade do seu cargo... E com isso certamente provocaria ainda mais irritação entre o povo e as críticas se tornariam mais mordazes... E de repente — depois de se ter esforçado por encontrar Jesus — é chamado afetuosamente pelo nome: *Zaqueu*. E alguma coisa lá dentro — dura, amarga — acabou de se quebrar; o círculo vicioso do egocentrismo começava a dissolver-se num sentimento de ternura; uma sensação luminosa o invadiu. *Desceu rapidamente* — com a diligência do júbilo incontido — *e acolheu-o com alegria. Ao verem isso, todos murmuravam dizendo que tinha ido hospedar-se em casa de um pecador* (Lc 19, 6-7).

Zaqueu, porém, já na presença do Senhor, disse-lhe: *Senhor, eis que dou aos pobres metade dos meus bens e, se defraudei alguém em alguma coisa, vou restituir o quádruplo*. E Jesus, voltando-se para ele: *Hoje entrou a salvação nesta casa, porque também este é filho de Abraão. O Filho do homem veio procurar e salvar o que estava perdido* (Lc 19, 8-10). A compreensão do Senhor fez o milagre da conversão de um homem que parecia irrecuperável.

Frequentemente, criam-se à nossa volta circuitos semelhantes de agressividade. Uma parte acusa a outra. Ambas julgam ter razão. E, no entanto, ambas estão erradas: «É intratável — diz um —, tem um modo de ser distante, frio»; e afasta-se. E quem é assim rejeitado pensa: «Esse não merece a minha consideração, afasta-se de mim como se eu estivesse empestado»; e passa a tratá-lo com maior agressividade ainda. A reação em cadeia — o círculo vicioso — já está em andamento e, se não houver quem o corte, o processo se desencadeará ilimitadamente até uma ruptura total e um rancor sem retorno.

Não se percebe o fundo da questão. Voltamos a perguntar, como fizemos anteriormente: por que é que uma pessoa se torna distante, fria, ríspida? Esse não é o comportamento natural de uma criatura humana. Deve existir alguma anomalia.

Soube da descoberta de um novo processo para a extração de petróleo nos poços já esgotados, que consiste em injetar neles grande quantidade de água a alta pressão, a fim de trazer à superfície o petróleo escondido nas dobras dos bolsões.

O mesmo processo se pode aplicar aos homens. Não há homens radicalmente maus. A bondade está talvez sepultada no fundo do seu ser, asfixiada por desatenções, injustiças, recalques e frustrações. Mas quando chega até eles um jato de carinho a alta pressão — como as palavras de Jesus: *Zaqueu, desce depressa!* —, a bondade soterrada vem ao de cima aos borbotões, como a alegria e o arrependimento daquele publicano.

Quando alguém ao nosso lado tenha cometido erros graves ou tenha perdido o espírito cristão, antes de criticá-lo deveríamos interrogar-nos a nós mesmos: — Não nos caberá uma parte de responsabilidade no caso? Não nos terá faltado compreensão e amor? Teria chegado ao estado em que se encontra se lhe tivéssemos dedicado um pouco mais de atenção e afeto?

Que os defeitos mais acentuados não nos separem das pessoas que os padecem; que nos aproximem mais delas.

Assim elas e nós melhoraremos porque, tanto elas como nós, aprofundaremos no âmago do coração — no mais íntimo da alma — onde se encontram as raízes do amor.

Perdoar, corrigir

Fruto saboroso da compreensão é o perdão.

Perdoar é difícil, como é difícil compreender. E por que é difícil perdoar? Por causa do amor-próprio.

As ofensas recebidas parecem tanto mais afrontosas quanto maior nos pareça a dignidade ferida. E como o amor-próprio agiganta a nossa dignidade, pela mesma razão supervaloriza a ofensa: «É imperdoável; como se atreveu a dizer semelhante insensatez a uma pessoa *como eu*?» Daí brota um ímpeto de reivindicação. Esse motivo aparentemente objetivo — a restituição da justiça — vem acompanhado por um outro mais sutil, de caráter subjetivo. Pensamos: «Perdoar é sinal de fraqueza».

Esses dois motivos são falsos. O primeiro porque é muito difícil ser bom juiz e fazer justiça em causa própria; e o segundo porque o homem é tanto mais magnânimo quanto maior for o seu perdão. O perdão engrandece-o. Um homem que não perdoa amesquinha-se.

Uma personalidade forte — uma personalidade autenticamente cristã — está habitualmente inclinada à benignidade porque no íntimo se sente a coberto de qualquer ofensa: o conceito da sua pessoa não depende da opinião alheia, mas do ditame da sua própria consciência. Uma personalidade fraca, pelo contrário, sente-se atingida pela ofensa alheia porque não está assentada sobre o alicerce forte da humildade, isto é, do conhecimento próprio; não possui uma verdadeira escala de valores, é caudatária do comportamento dos outros ou da imagem que dele fazem. Uma injustiça, uma afronta, abala-o.

E procura restabelecer o equilíbrio agredindo ou vingando-se de uma forma indireta: recusando-se a perdoar.

Em última análise, ninguém seria capaz de abalar a nossa honra se compreendêssemos que quem nos pode avaliar é somente Deus. Vale a pena repetir: nós somos o que somos diante de Deus, e mais nada. Por isso, coisa alguma nos poderá atingir se nos mantivermos pendentes unicamente do conceito que Deus faz de nós, refletido na nossa consciência. A nossa imagem não ficará diminuída, sem dúvida, perante a ofensa injustamente sofrida; mais ainda, ficará dignificada diante de Deus, quando benignamente perdoarmos.

Neste sentido, um homem de Deus poderá fazer sua — a despeito dos ataques, calúnias, afrontas e indelicadezas —, sem falsas humildades, com autêntica modéstia, aquela frase, às vezes tão petulantemente pronunciada: «O que vem de baixo não me atinge».

É por isso que os santos perdoam facilmente. Como os poderão atingir as opiniões, as críticas e até os maus-tratos dos outros? Os seus valores estão fora do alcance humano. Participam de uma serenidade superior, gozam daquela liberdade interior que Cristo vivia no mais alto grau.

Jesus apresenta-se, com efeito, como o modelo exemplar de um homem de coração grande que sabe perdoar. Deixa-se beijar por Judas, um homem que o está traindo; responde com calma senhoril a um lacaio de Caifás que lhe bate no rosto; cala-se diante da acusação injusta; olha com benignidade salvadora para Pedro, depois da tríplice negação; e quanto àqueles que o estão crucificando, no meio da sua agonia, ainda encontra forças para advogar pelo seu perdão, servindo-se da única alegação cabível: *Pai, perdoa-lhes porque não sabem o que fazem* (Lc 23, 39). É o cúmulo da misericórdia.

A amabilíssima e ilimitada capacidade de perdoar do Senhor — é claro —

não se apresenta como sinal de fraqueza, mas de uma fortaleza inexpugnável e de um amor heroico. E esse exemplo — enxertado na nossa fraca natureza — deveria guiar-nos não apenas nos momentos cruciais, mas também nos corriqueiros. O seu convívio fraternal com todos, a sua paciência com os que intempestivamente lhe saem ao encontro — doentes, crianças, necessitados, curiosos... — deveria também ajudar-nos a adquirir essa feição de diligente benevolência para com todos no nosso viver quotidiano. Deveria traduzir-se numa atitude de benignidade diante de todos os erros e afrontas alheias, numa capacidade grande de encarar com elegância, com «espírito esportivo», as mil incidências da vida diária em que naturalmente nos sentimos atingidos pelas faltas e indelicadezas das pessoas que nos rodeiam.

Hugo de Azevedo conta-nos um episódio da vida de Mons. Escrivá, o fundador do Opus Dei, que revela um aspecto dessa fineza humana — desse espírito de perdão — a que nos estamos referindo: «Lá pelo ano de 1929, num bonde, um operário sujo de cal aproximou-se daquele jovem sacerdote de batina impecável, e aproveitando-se de uma sacudidela do veículo manchou propositadamente de branco a veste eclesiástica, entre o sorriso de alguns passageiros e o silêncio constrangido de outros. Quando estava chegando à sua parada, o Fundador do Opus Dei voltou-se com um sorriso divertido e cheio de afeição para dizer ao operário: "Meu filho, vamos terminar esse trabalho começado..." e deu-lhe um forte abraço, sujando-se de cal por completo»[24].

O Fundador do Opus Dei escreverá: «Temos que compreender a todos, temos que conviver com todos, temos que desculpar a todos, temos que perdoar a todos. Não diremos que o injusto é justo, que a ofensa a Deus não é ofensa a Deus, que o mau é bom. No entanto, perante o mal, não responderemos com outro mal, mas com a doutrina clara e com a ação boa: afogando o mal em abundância de bem (cf. Rm 12, 21)»[25].

Quantos problemas se poderiam solucionar com um sorriso! Quantas tempestades familiares nascidas de uma ofensa — talvez impremeditada, impulsiva — poderiam ter-se superado se, desde o início, a pessoa atingida as tivesse passado por alto com um gesto que viesse a dizer de uma forma bem-humorada: «Deixa para lá, não tem importância»!

Esta forma de agir tem um fundamento ainda mais profundo: o ensinamento que Jesus nos transmite na oração do *Pai Nosso*: «Perdoai as nossas ofensas assim como nós perdoamos aos que nos têm ofendido». Existe uma lei de proporcionalidade entre o perdoar as ofensas dos outros e o sermos perdoados por Deus das nossas próprias ofensas. E há também uma proporcionalidade semelhante entre a benignidade com que esquecemos as afrontas dos outros e a benignidade com que Deus apaga do seu coração as nossas próprias afrontas.

Não podemos ter, como dizem, «memória de elefante». Ouvimos comentar com frequência: «Eu perdoo, mas não esqueço». Já é um grande mérito perdoar com a vontade, mas deve haver um movimento mais profundo que cauterize esse mundo informe de lembranças misturadas com ressentimentos que preservamos na memória e no coração. Para isso, devemos enveredar por caminhos de oração, colocar Cristo crucificado entre a pessoa que nos ofendeu e nós mesmos, pensando: «Se o Senhor derramou o seu sangue por mim, eu ao menos deveria saber desfazer-me da bílis amarga da minha mágoa e do meu rancor. Menos é que não posso fazer».

Seremos perdoados porque perdoamos; não seremos julgados porque também não julgamos... Bom lema de vida seria seguir o sábio conselho de São Bernardo: «Ainda que vejais algo de mau, não julgueis imediatamente o vosso próximo, mas antes desculpai-o no vosso interior. Desculpai a intenção se não puderdes desculpar a ação. Pensai que a terá praticado por ignorância, por surpresa ou por fraqueza. Se o erro for tão claro que não o possais dissimular, ainda então procurai dizer para vós mesmos: a tentação deve ter sido muito forte»[26].

CORRIGIR

Perdoar, porém, não quer dizer compactuar com o erro. Uma justiça cheia de dispensas e benignidade invalidaria todo o direito, toda a disciplina, toda a moral. O perdão não significa uma conivência com a desordem.

O Senhor é claro nas suas correções. Utiliza epítetos fortes ao enfrentar a hipocrisia dos fariseus: *raça de víboras, sepulcros caiados* (Mt 23, 27); repreende com firmeza o Apóstolo Pedro que o quer afastar do cumprimento do seu dever de Redentor: *Arreda-te de mim, Satanás, porque não entendes as coisas de Deus, mas as dos homens* (Mt 16, 23); e termina recomendando a correção fraterna, uma prática que sempre foi vivida no seio da Igreja, desde os seus primórdios: *Se o teu irmão tiver pecado contra ti, vai e repreende-o entre ti e ele somente: se te ouvir, terás ganho o teu irmão* (Mt 18, 15).

Não podemos apenas querer bem aos outros; devemos também querer o bem para os outros. O bem é o seu progresso, e o progresso exige esforço: *O reino dos céus conquista-se à viva força e só os que se esforçam é que o arrebatam* (Mt 11, 12). Portanto, não pensemos que a caridade consiste apenas em perdoar.

Uma correção cristã deve ser feita amavelmente, a sós, sem humilhar, mas claramente, corajosamente. Muitas vezes, o professor não corrige o aluno, o pai e a mãe não corrigem o filho, a esposa não corrige o marido, o chefe não corrige o subordinado porque lhes falta coragem; ou melhor, porque não têm um amor suficientemente forte para superar o receio de magoar.

Com frequência não reparamos que esse receio de magoar não é uma manifestação de caridade, mas um álibi por detrás do qual escondemos o temor de nos magoarmos a nós mesmos. Poupando os outros, poupamo-nos a nós mesmos. Esse dizer «vai incomodar» significa também «vai *me* incomodar», «vou passar um mau bocado».

Isso não é afeto, é cumplicidade com o erro. «Se a tua amizade — diz *Sulco* — se rebaixa até te converter em cúmplice das misérias alheias, reduz-se a triste compadrio que não merece o mínimo apreço»[27]. E ainda diríamos com São Bernardo: «Calar quando podes e deves repreender é consentir; e sabemos que está reservada a mesma pena aos que praticam o mal e aos que nele consentem»[28].

A história oferece-nos uma multidão de situações que revelam como uma correção oportuna pode mudar o destino de uma pessoa. Entre outros exemplos bíblicos, destaca-se o de Davi. *Naqueles dias, o Senhor enviou a Davi o profeta Natã, o qual, tendo chegado à sua presença, disse-lhe: «Havia numa mesma cidade dois homens, um rico e outro pobre. O rico tinha ovelhas e bois em grande quantidade, ao passo que o pobre não possuía senão uma ovelhinha, que comprara e alimentara, a qual crescia junto dele com os seus filhos, comendo do seu mesmo pão, bebendo da sua mesma taça e dormindo no seu regaço, pois era para ele como uma filha. Ora, tendo chegado um hóspede a casa do rico, não querendo este tocar nas suas ovelhas [...], tomou a ovelha do pobre e preparou-a para o homem que tinha vindo a sua casa».*

Então a cólera de Davi inflamou-se vivamente contra tal homem e disse a Natã: «Viva Deus, que é digno de morte o homem que fez isso [...]». Disse Natã a Davi: «Tu és esse homem! Ouve o que diz o Senhor: Eu te ungi rei sobre Israel, salvei-te das mãos de Saul [...] e te fiz senhor da casa de Israel e de Judá. E se isto é pouco, juntar-te-ei coisas ainda maiores. Por que desprezaste o Senhor, fazendo o que lhe desagradava? Fizeste perecer à espada Urias, o heteu, e tomaste por esposa a sua mulher [...]. Pois bem, jamais se apartará a espada da tua casa, em punição por me teres menosprezado, tomando por esposa a mulher de Urias» [...]. Disse Davi a Natã: «Pequei contra o Senhor» (2 Sm 12, 1-15).

Davi converteu-se. Da sua doce boca — do seu coração —, saíram as palavras mais pungentes de arrependimento e de amor. E a reviravolta teve lugar devido à correção de um homem, delicada — por meio de uma parábola —, mas clara, pois Davi, como pastor, bem podia entendê-la. E Davi arrependeu-se. Chorou e fez penitência. Foi santo. Um grande santo.

Em face da ignorância ou do desvio doutrinal de um colega, das péssimas companhias de um filho ou do seu desleixo nos estudos, da infidelidade conjugal de um parente, do afastamento das práticas religiosas de um amigo, do defeito habitual de uma pessoa que convive conosco, um defeito banal talvez, mas que representa um senão no seu comportamento, como uma falta de educação reiterada no modo de falar, de vestir-se, de comportar-se nas refeições..., se soubéssemos corrigir com delicadeza, no momento oportuno, quantos irmãos ganharíamos — como diz o Evangelho — para a verdade e para a perfeição!

Em muitas ocasiões, cresce em nós a impaciência ou o espírito crítico ao observarmos os erros cometidos pelas pessoas que nos rodeiam; ou advertimo-las em público, humilhando-as; ou derivamos pelo atalho das insinuações, das indiretas, das ironias e das «gozações», ferindo os outros... Talvez isso seja mais fácil, mais espontâneo, mas não tem cabida no espírito cristão. Deveríamos adquirir o hábito de dominar-nos, de calar, de ponderar e refletir na presença de Deus, para depois corrigir a sós, com amabilidade e firmeza, substituindo a crítica negativa, a rispidez ou o escárnio pela ajuda leal de um coração que ama.

«As ideias grandes e os grandes homens não são cômodos», escrevia Wasserman[29]. Este pensamento, que tantas constatações teve ao longo da história, expressava-o de uma forma incisiva Mons. Escrivá: «Para os que não andam pelo caminho da verdade, os que a querem dizer são para eles incômodos, da mesma maneira que o mártir e o santo são incômodos para o tíbio e estímulo para o fervoroso»[30]. Imitemos esses homens de Deus: que ao lado da nossa generosa disposição de perdoar, nunca nos falte a corajosa disposição de corrigir.

Esperar, carregar, servir, sorrir

O amor é paciente [...], tudo espera (1 Cor 13, 4 e segs).

O amor-próprio, pelo contrário, é impaciente. Não sabe esperar. É tal a estima que tem por si mesmo que lhe parece não merecer que o façam esperar.

Mas nem as circunstâncias nem as coisas se curvam às nossas pretensões. Tudo tem o seu ritmo próprio: a cadência dos acontecimentos e o compasso das pessoas.

Cada pessoa tem o seu ritmo psicológico e biológico. Há pessoas que a partir das dez horas da noite estão em frangalhos e às seis da manhã se levantam lépidas; outras lembram as aves noturnas: a sua vitalidade dinamiza-se com a escuridão — ficam *elétricas* — e de manhã parecem o «bicho-preguiça»; só se recuperam depois de um bom café lá depois das nove. Há cabeças lentas e profundas e outras rápidas e superficiais; metabolismos vagarosos e apagados ao lado de outros acesos e irrequietos. Há temperamentos dedutivos que contrastam com outros intuitivos; e temperamentos românticos e sonhadores que conflitam com outros realistas e concretos... Acrescentemos a isto a diferença de sexo, de idade, de educação, de bagagem cultural e de escala de valores, e teremos uma pálida ideia do abismo que pode separar dois seres humanos. Juntemos duas pessoas de *signo contrário* que não vivam a virtude da paciência, e obteremos como resultado um conflito permanente. E se estes forem marido e mulher ou superior e subordinado, pai e filho, professor e aluno, dona de casa e empregada... teremos um *conflito institucionalizado*, uma batalha contínua ou uma guerra fria.

Cada pessoa tem o seu ritmo e é preciso respeitá-lo. E para tanto é indispensável dominar a irritação que provoca a nossa inveterada impaciência. Às vezes, parece-nos que a nossa inquietação é dinamismo, vigor, e amiúde é simplesmente falta de maturidade e excesso de fraqueza. O domínio de si próprio e a capacidade de esperar são um sinal de equilíbrio e de fortaleza: *Melhor do que o forte é o paciente, e quem sabe dominar-se mais do que aquele que conquista uma cidade* (Pr 16, 32).

Lembremo-nos das nossas atitudes precipitadas, das nossas irritações destemperadas, das palavras que não deveriam ter sido proferidas no momento em que nos sentíamos feridos nas nossas fibras mais íntimas, da voz que se eleva e se torna cada vez mais estridente, das palavras que, sem sabermos como, se vão inflamando até o ponto de dizermos coisas que mais tarde nos enchem de vergonha... Lembremo-nos de todas essas coisas para compreender que a calma — o silêncio — nestes casos é um sinal de maturidade e de fortaleza, uma verdadeira conquista.

Ser paciente é conservar o domínio de si próprio. Mas o autodomínio não é inato; é preciso adquiri-lo. Adquire-se quando se começa por criar a *mentalidade* própria da virtude da paciência, e depois se passa a *exercitá-la*.

Temos de *mentalizar* que os outros têm uma dignidade e um destino próprios, peculiares; temos de convencer-nos de que nós também caímos em erros e limitações e de que Deus tem de usar conosco de uma infinita e contínua paciência: devemos persuadir-nos de que os percalços do convívio humano são, como diz Pascal, «mestres que Deus nos envia»; e nunca deveríamos esquecer que há dentro de nós um tremendo egoísmo que tende a pensar sempre em primeira pessoa.

«Todos podemos — escreve Chevrot — esforçar-nos por pensar nos outros, antes de pensarmos em nós mesmos. Será o modo de vencermos muitos movimentos de impaciência. Devemos dizer: aqueles que eu amo têm manias e defeitos que me desagradam; este repete-me dez vezes a mesma coisa ou, ao contrário, obriga-me a repetir-lhe a toda a hora as mesmas observações; aquele interrompe-me quando mais preciso de prestar atenção ao meu trabalho. Quem não ficaria fora de si nessas circunstâncias?

«Mas aqueles que me cercam têm também as suas preocupações e os seus aborrecimentos, talvez tão graves como os meus. Quem sabe se, quando me interrompem, não têm mais necessidade de mim do que eu teria da minha tranquilidade?... Por acaso não sou eu também insuportável de vez em quando? Pois se eu pensasse menos frequentemente em mim e mais frequentemente nos outros, não há dúvida de que me mostraria mais paciente»[31].

Mentalizar, contudo, não basta. É preciso *exercitar-se* na paciência, e esse exercício leva a três linhas de comportamento: aprender a guardar *silêncio*, aprender a *esperar* e aprender a *refletir*.

«Para *aprendermos a calar* quando não é hora de falar — continua Chevrot —, precisamos esforçar-nos sempre por não falar antes do tempo. Deixemos os outros exprimirem os seus pensamentos sem interrompê-los, e depois pensemos durante uns segundos antes de responder-lhes. Este hábito, uma vez adquirido, evitar-nos-á muitas respostas precipitadas. Já que são necessários dois para brigar, a sabedoria está em não sermos o segundo. Não respondamos imediatamente àquele que se impacienta nem àquele que nos impacienta. Uma observação só atinge o seu objetivo, uma explicação só convence, quando os interlocutores não estão irritados... Um agricultor não semeia o trigo em dia de tempestade. Falaremos esta noite, quando a calma tiver voltado. Deixemos para amanhã o que seria malfeito hoje»[32].

A virtude da paciência exige, em segundo lugar, *a longa aprendizagem da espera*. Deus esperou milhares de anos para que as massas de basalto se esfriassem e pudesse brotar a vida no universo, esperou séculos até que chegasse a plenitude dos tempos para o nascimento do seu Filho Jesus, e não deixa de esperar pela nossa conversão interior para nos comunicar os seus dons mais elevados. Aprendamos nós também a esperar. Acostumemo-nos a não exigir a satisfação imediata dos nossos desejos. Saibamos aguardar os resultados de uma prova, de um exame médico; esforcemo-nos por não nos aborrecermos com o ônibus que não chega, com o telefone ocupado, com a fila interminável, com o engarrafamento enfadonho, com a marcha lenta dos acontecimentos; mas especialmente aprendamos a esperar pelas pessoas, a esperá-las pacificamente com o seu ritmo vital, com as suas pausas, com as suas demoras, e também com as suas limitações e defeitos irritantes.

Em terceiro lugar, temos que aprender a submeter as coisas e as pessoas a esse necessário processo de maturação que exige *a reflexão*. A hora de Deus e a hora dos homens — a oportunidade esperada — têm a cadência do fruto que só se desprende da árvore quando está maduro. Às vezes, penso como seria bom se se inventasse essa maravilhosa *máquina do tempo* de que fala a ficção científica, que nos pudesse levar para trás e para a frente dominando a sequência dos dias e dos anos, aprendendo a lição dos acontecimentos passados e futuros na serena vivência do presente: aprenderíamos a superar essa expectativa angustiosa, que por vezes tolda o dia de hoje, para ver, na atalaia do amanhã, que talvez todas as angústias e trepidações não tinham nenhum peso e consistência.

Mas também penso que essa máquina, na realidade, já está inventada: é a reflexão, a *meditação* — esse ponderar os acontecimentos na intimidade do coração. Se nos colocássemos numa perspectiva mais alta, olhando as coisas com os olhos de Deus, chegaríamos a concluir talvez que aquela nossa impaciência foi inútil, que aquela atitude agressiva e aquele gesto de irritação não serviram para nada. Foram apenas sacudidelas do nosso temperamento imaturo ou sintomas do nosso orgulho impaciente. E de que adiantou? Tivemos que acalmar-nos, pedir perdão às pessoas ofendidas e conformar-nos simplesmente com esperar..., coisa que deveríamos ter feito desde o começo. Por que não tentamos imitar Nossa Senhora, *ponderando as coisas no coração* (Lc 2, 51), na nossa oração diária, para dominar assim, com a perspectiva de um Deus que é eterno, a circunstância concreta do dia de hoje que tanto nos exaspera?

Por vezes, arrogantes, saímos ao encontro dos acontecimentos e das pessoas com a violência de um dique. Melhor seria que nos dispuséssemos a prolongar a nossa espera, a estender a nossa paciência, como se estende — num plano inclinado — a areia tranquila, ante a qual se desvanece a fúria das águas que acabam beijando mansamente o rosto sereno da praia.

CARREGAR

Levai uns as cargas dos outros e assim cumprireis a lei de Cristo (Gl 6, 2).

Olhar, compreender, perdoar, esperar... não é algo que deva ser entendido em termos passivos; pelo contrário, todas essas atitudes são um pressuposto e, ao mesmo tempo, um convite para uma ação efetiva, que nos ajude a levar às costas as cargas alheias.

Atitudes não bastam, são necessárias as obras. *Que aproveita, meu irmão —* pergunta São Tiago —, *alguém dizer que tem fé, se não tem obras? [...] Se um irmão ou uma irmã estiverem nus e lhes faltar o alimento de cada dia, e um de nós lhes disser:*

«Ide em paz, aquecei-vos e alimentai-vos», sem lhes dar o que é necessário para o corpo, que lhes aproveitaria? (Ti 2, 14-16).

Temos a experiência do alívio que representa para nós a ação efetiva de quem nos tira das costas o fardo pesado de uma angústia ou de uma necessidade; como temos também a experiência da decepção que sentimos quando esperamos a ajuda de alguém que estimamos, e a ajuda não chega: a pessoa passa ao nosso lado com pressa, cheia de preocupações e trabalhos, como aquele ônibus superlotado que não para no ponto, no momento em que já estávamos apressados para chegar a tempo à escola ou ao trabalho.

Parar, escutar e depois ajudar. Mas sempre nos aparece a mesma tentação: «Se não tenho tempo para fazer o meu trabalho, como vou fazer o dos outros?» O egoísta do seu tempo e do seu dinheiro nunca pensa ter o suficiente para prestar uma ajuda aos outros. Muitas pessoas que culpam os ricos por não repartirem as suas posses não reparam que, no fundo, eles também fazem parte dos capitalistas selvagens do seu tempo. Se fossem milionários, fariam o mesmo com o seu dinheiro. O capital do tempo — as vinte e quatro horas de cada dia — é igual para todos. Demonstremos com a nossa ajuda franca — quer sejamos ricos, quer pobres — o nível da nossa generosidade.

O problema não consiste em ter muito ou em ter pouco. O problema é um problema de amor. Repito uma história tal como a ouvi: uma menina chinesa levava, de acordo com os costumes do seu país, uma criança às costas: olhos rasgados, sorriso enigmático, atitude paciente... Alguém lhe perguntou:

— Menina, pesa muito?

E ela respondeu:

— Não, é o meu irmão.

Por amor, o irmão não lhe pesava nas costas. Por amor à esposa, um homem prescinde com alegria dos seus gostos pessoais; por amor, uma mãe passa noites a fio ao lado da cama do filho doente; por amor a Deus e aos seus irmãos, os homens, São Paulo dizia gozosamente que se *gastava e se desgastava* (2 Cor 12, 15), *transbordando em alegria em todas as suas tribulações* (2 Cor 7, 4).

Já o Senhor nos ensinava que, quando há amor, o seu jugo é suave e a sua carga leve (Mt 11, 30). E Santo Agostinho comenta que «tudo o que possa haver de pesado [...] se torna leve pelo amor. O que é que não se faz por amor? Vede como trabalham os que amam: não sentem o que padecem, redobrando os seus esforços ao ritmo das dificuldades. *Ubi amatur, aut non laboratur, aut et labor amatur*»[33]. Onde há amor, ou não há pena, ou ama-se a pena.

Como poderemos levar as cargas uns dos outros?

Em primeiro lugar, não sendo nós mesmos uma carga para ninguém. Não seria lógico que pretendêssemos, por um lado, facilitar a vida dos outros, prestar-lhes uma ajuda que porventura não nos pediram, e, por outro, sobrecarregá-los com atitudes pouco adequadas, talvez irresponsáveis, que representam para eles um verdadeiro fardo. Essa luta por vencer os defeitos que tornam menos grato ou desabrido o convívio; esse disfarçar com um sorriso os cansaços e um ou outro mal-estar passageiro; esse contentar-se com pouco; esse não dar trabalho aos outros; esse evitar que tenham de tratar-nos com cuidados especiais na vida de família ou medir as palavras para falar conosco do assunto mais insignificante..., todos esses detalhes serão meios extraordinariamente úteis para levarmos as cargas alheias — começando por não representar um fardo para os que nos rodeiam.

Servir

No ambiente em que vivemos, flutua uma espécie de aversão à palavra *serviço*. Em todos os aspectos da vida familiar, social e profissional, parece que as pessoas relutam em prestar serviços ou — para dizê-lo de uma forma expressiva — resistem a entrar pela *porta de serviço*: sentem-se diminuídas, querem entrar sempre pela porta principal.

O Senhor, porém, com a sua atitude, parece fazer questão de afirmar exatamente o contrário: quis entrar pela *porta de serviço* para realizar a mais importante das tarefas, aquilo que por excelência representava o núcleo da sua missão na terra: redimir o mundo. Quando lavou os pés dos seus discípulos na Última Ceia, teve um gesto simbólico que resumia a sua atitude permanente, o seu substancial espírito de serviço.

Os homens do século XX deixaram o espírito de serviço relegado a um plano que parece pertencer a idades históricas menos «democráticas». É nota característica da nossa época, com efeito, uma marcada altivez que despreza este espírito tão cristão quanto indispensável. Algumas profissões consideradas de puro serviço — enfermeiras, empregadas domésticas, assistentes sociais, etc. — estão-se desvalorizando. A própria função de mãe — na medida em que amorosamente serve e se sacrifica pela família — está perdendo categoria: está em baixa na bolsa dos valores humanos.

O homem do nosso tempo evita assumir uma atitude de serviço porque teme rebaixar-se. Está com isso divinizando uma concepção autárquica e egocêntrica. Confunde espírito de serviço com escravidão. Não repara que, quanto mais serve, mais *senhor* se torna. Todo o cristão é *senhor* e *servidor* ao mesmo tempo. É senhor porque é filho de Deus. É servidor porque é próprio da qualidade senhoril saber servir. As grandes figuras humanas foram sempre grandes servidores, porque com a sua existência estiveram sempre a serviço da grande missão que lhes correspondeu realizar[34].

Amor e serviço, escravidão e liberdade parecem conceitos antitéticos e, no entanto, são complementares, segundo aquele belíssimo epigrama de Raimundo Lúlio: «Dize-me, louco, que é o amor?

E o louco respondeu: Amor é aquilo que faz escravos os livres e livres os escravos. E não se sabe em que consiste essencialmente o amor, se nessa escravidão ou nessa liberdade»[35].

Este amor transformado em serviço tem que se traduzir em mil e um pequenos detalhes do viver quotidiano: na diligência em colaborar com o trabalho dos outros; na boa disposição de assumir as tarefas mais pesadas, que são frequentemente as mais necessárias; na escolha do pior lugar em todas as reuniões familiares; na prontidão em executar as pequenas tarefas domésticas de ordem, de limpeza, de cuidado com a casa; na presteza em antecipar-se a abrir a porta ou atender ao telefone; na boa vontade em suprir a ausência da pessoa que cuida habitualmente de determinado serviço; na aceitação de um trabalho «extra» que contraria os nossos planos; na mudança na programação do nosso dia para beneficiar os outros; em prontificar-nos a ir de ônibus para que os outros possam utilizar o carro; no sacrifício de um fim de semana para que os outros possam descansar melhor, etc.

Para ajudar-nos a viver este espírito, o Senhor oferece-nos uma regra tão simples como eficaz: *Tudo quanto quiserdes que os homens vos façam, fazei-o vós a eles* (Mt 7, 12). A experiência daquilo que nos agrada ou nos mortifica, daquilo que nos beneficia ou nos prejudica, é um bom critério para determinar o que devemos fazer ou evitar no trato com os outros. Todos nós sabemos muito bem o que nos beneficia, nos estimula e consola: o alento nos fracassos, a compreensão nos erros, o apoio nos defeitos, a cordialidade no trabalho, o aconchego no lar, a amabilidade na exigência, a lealdade na crítica, o carinho na doença, o incentivo na depressão, a oração no desamparo... Pois bem, são precisamente todas essas conotações qualitativas que devem acompanhar o nosso relacionamento com os outros, se queremos de verdade viver a norma do Senhor e, em consequência, o espírito de serviço.

Sorrir

Os orientais têm um ditado encantador: «Quem não souber sorrir, que não abra uma loja». Poderíamos nós acrescentar: quem não souber sorrir, que não funde uma família, que não pretenda ser amado.

Um sorriso pode ser mais elegante do que um longo discurso; um sorriso é capaz de representar o sinal claro de um perdão que não se sabe explicitar com palavras; um sorriso que acompanhe um favor prestado é como se se dissesse: «Não foi nada, estamos aqui para isso»; um sorriso especialmente pode ser uma forma delicada de esconder as penas ou um meio heroico de não deixar transparecer uma dor profunda.

Temos de saber cultivar a arte de ser amáveis, rejeitando qualquer forma de altivez que nos torne distantes, talvez frios. O sorriso cumpre essa função de aproximação, de amabilidade calorosa, como se se estivesse abrindo de par em par as portas do coração, como se se estivesse murmurando: «Pode entrar, está em casa, fique à vontade»..., ainda que às vezes o próprio coração esconda a amargura mais íntima.

Na sua biografia sobre Disraeli, André Maurois descreve as dificuldades com que o primeiro-ministro inglês lutou para transpor os primeiros degraus da sua carreira política e a ajuda insubstituível que lhe prestou nessa luta a esposa, que o amava profundamente. Depois de muitos esforços, conseguiu uma cadeira na Câmara dos Comuns. Chegado o grande dia em que deveria pronunciar o seu primeiro discurso no Parlamento, a esposa acompanhou-o na carruagem até à entrada. Disraeli desceu e despediu-se carinhosamente através da janela. Quando fechou a porta, a esposa sorria, mas não disse uma palavra; sorria, sorria... Mal o marido se afastou, caiu desmaiada no assento: a porta, ao fechar-se, tinha-lhe prendido a mão e esmagado os dedos. Em vez de gritar, conseguiu sorrir. Escondeu assim uma dor insuportável; sabia que o marido não teria condições psicológicas de pronunciar o discurso se visse a sua mão naquele estado... Um sorriso sangrento, um sorriso heroico... Provavelmente, a vida não nos exigirá tanto, mas poderemos ir criando uma espécie de esquema psicológico que substitua pouco a pouco os nossos queixumes habituais pelos nossos sorrisos permanentes.

O correr dos anos, as decepções do passado, as preocupações com o futuro, o cansaço e as doenças tenderão porventura a roubar-nos essa capacidade de dar um pouco da nossa alma em forma de sorriso. Mas, ainda que nos custe, não deixemos que nos arrebatem esse dom. Então o sorriso se converterá talvez num verdadeiro sacrifício, sem dúvida o melhor dos sacrifícios, no esforço por tornar a vida dos outros mais grata. João Paulo I — o Papa do sorriso —, quando ainda cardeal, dizia num escrito sobre o Fundador do Opus Dei que ele nos tinha ensinado precisamente a substituir «a tragédia diária» pelo «sorriso diário»[36].

Dar e dar-se

O amor, para que seja ordenado, tem que se fundamentar na justiça. A justiça é o alicerce. Primeiro justiça; depois — é o cume — a caridade.

A justiça, segundo a definia Ulpiano, o jurista romano, é «a constante e perpétua vontade de *dar* a cada um o que lhe corresponde»[37]. Esta obrigação não se limita à *justiça legal* ou *comutativa*, determinada pela lei positiva de cada país. Há um modo de proceder humano e cristão que não se detém nas prescrições de um código concreto, mas se abre para um código superior escrito por Deus no coração humano, que nos leva a viver uma *equidade* mais ampla — uma *justiça social* — que perfila, corrige e amplia a mera justiça legal. E esta justiça social nos diz que qualquer bem, qualquer propriedade pessoal tem uma *função social* — uma *hipoteca social* — porque, em última instância, a finalidade de todo o Direito não tem em vista o bem particular, mas o *bem comum* de toda a sociedade, em termos nacionais e internacionais[38].

Tudo isto quer dizer que não poderíamos erguer a nossa caridade individual sobre uma estrutura legal injusta. Todos os cristãos deveriam preocupar-se pela reta constituição da ordem social. Não podemos ficar tranquilos diante de um sistema social injusto, de uma máquina estatal que — por dizê-lo de alguma maneira — criasse aleijados em série, alegando que nós, os particulares, viríamos depois, com as nossas obras de misericórdia, a fornecer-lhes caridosamente as muletas necessárias. Pareceria ingênuo concluir que é indispensável e urgente mudar as máquinas mutiladoras antes que aperfeiçoar as técnicas ortopédicas, mas, às vezes, determinadas mentalidades dão a impressão de não entenderem que a caridade sem a justiça tem também muito de ingênuo, para não dizer de macabro.

A responsabilidade da justiça social é de todos, e portanto, por um imperativo de coerência, também dos que querem ser cristãos no sentido cabal da palavra. O católico, que não é um cidadão de segunda classe, não poderá nunca esconder-se no anonimato ou diluir as suas responsabilidades no conjunto, mas há de submeter-se — como os outros, não mais, mas também não menos — a uma sincera autocrítica, utilizando como reforço dos seus critérios de avaliação a capacidade renovadora da mensagem de Cristo da qual se sente portador.

Observamos um contraste radical entre o espírito de heroísmo cristão na esfera particular ou privada e a ausência de cidadãos que projetem esse espírito na vida pública. Não existe nada tão comovente como o exercício da caridade cristã nos séculos XIX e XX, nos hospitais, nas escolas, em terras de missão, e nada tão desalentador como a ineficácia dos princípios cristãos em grandes parcelas da vida pública de diversas nações. Criaram-se, por vezes, casas de caridade para receber aqueles que um sistema econômico anti-humano depauperou; educaram-se nas escolas primárias e secundárias aqueles que depois encontraram nas universidades um sectarismo intelectual que converteu em péssimo o que de melhor receberam... Lamentável constatação que põe de manifesto como é urgente e necessária a tarefa de reformar as estruturas segundo os moldes de uma genuína justiça social. Por isso «a letargia do espírito — de que já falava Pio XII —, a anemia da vontade e a frieza dos corações»[39] em relação a essa imensa tarefa nunca deixará de ser gravemente imputável.

Trazendo para a vida diária esta ideia, poderíamos estabelecer este princípio fundamental: não se pode dar a título de «caridade» o que se deve dar por justiça. Por outras palavras, não se pode conceder como «favor» aquilo que se deve dar por justiça. Exemplos? Os vestidos fora de uso que a dona de casa dá à empregada «de presente», quando não lhe paga o salário devido, são uma forma muito «barata» de praticar a justiça; os móveis, os brinquedos, as roupas doadas aos colonos que não ganham o que em justiça devem receber, são na realidade os trapos com que se cobre o espantalho da injustiça... Não é preciso ter muita imaginação para multiplicar os exemplos.

Há pessoas que dão a impressão de se dedicarem a «cultivar os seus pobres». Experimentam a sensação sentimentaloide de serem «misericordiosas» e, talvez, no fundo estejam tentando anestesiar a consciência que as acusa de viverem no meio de um luxo excessivo ou de não terem nenhuma medida razoável — muito menos cristã — ao satisfazerem os seus caprichos requintados.

Mas, depois, caridade. Porque o sentido da caridade nos leva a dar muito mais do que se deve por justiça. A caridade não se detém numa ponderação justa, mas expande-se num transbordamento generoso.

O egoísmo e a avareza reclamam-se mutuamente tanto quanto o amor e a generosidade. A generosidade inclina a praticar amplamente todas as chamadas *obras de misericórdia*, a dar, a dar muito, a dar à custa do sacrifício próprio. Se quiséssemos representar plasticamente a figura de um cristão, deveríamos pintar um homem com as mãos abertas, com os braços abertos, com o peito e o coração abertos como Cristo na Cruz.

É lamentável, no entanto, verificar na prática o egoísmo de alguns cristãos no terreno financeiro. A Igreja e as suas instituições sempre contaram com a colaboração econômica dos que verdadeiramente se sentiam responsáveis pela difusão do Evangelho. Durante séculos, promoveram-se obras sociais, educativas e assistenciais à custa, muitas vezes, de grandes sacrifícios. Um índice dessa ajuda era o «dízimo»: os fiéis, de um modo efetivo e real, cooperavam com *dez por cento* de todos os seus ganhos.

É apenas um exemplo, mas um exemplo bem significativo porque, quando hoje se fala desse tipo de colaboração ou de outros parecidos, se encontram às vezes, como respostas, atitudes verdadeiramente decepcionantes: «Ajudar essa instituição, agora que o meu imposto de renda é por adiantado, trimestral e com correção monetária?» «Colaborar na construção dessa obra de assistência, quando as mensalidades da escola estão um absurdo e... tenho de pagar as prestações da minha próxima viagem à Europa?» «Será que não compreendem que desse jeito não poderei trocar de carro?» E estes católicos que assim se escandalizam são os mesmos que depois se queixam porque as instituições da Igreja não dispõem de determinados centros de educação ou de promoção social.

Há pouca generosidade, muito pouca generosidade. Há excesso de mesquinharia. Interesse sim; entusiasmo por uma obra educacional ou social, sem dúvida nenhuma; apoio moral para um empreendimento apostólico: «Podem contar comigo!» Mas peçam-lhes o seu dinheiro... Ah, isso não! Parece que lhes estão arrancando a víscera mais delicada.

Visitava uma família pobre, em companhia de um amigo. Entramos num barraco imundo dentro de uma favela. O casal e seis filhos ocupavam o mesmo cômodo. Só havia um colchão e uma cadeira. Sentamo-nos no colchão ao lado das crianças. O frio daquele inverno era espantoso. Repartimos umas guloseimas e demos ao casal um envelope com dinheiro. Conversamos longamente. Era comovente a carência material daquela gente. Mas acreditavam em Deus. Tinham devoção a Nossa Senhora: uma gravurinha dela pendia pobremente da parede. Estavam contentes. Rimos à vontade. Ao despedir-nos, o meu amigo teve um gesto discreto, mas inesquecível. Sem que o casal o percebesse, antes de fechar a porta, introduziu o seu sobretudo no barraco e deixou-o em cima da cadeira. «Vamo-nos embora depressa, antes de que o percebam», disse-me... e saímos em disparada. «O frio é de matar — acrescentou —, mas nunca tive o coração tão quente». Ele nunca se arrependeu e eu nunca me esqueci do seu gesto.

Milhões de sacrifícios como este pavimentam a estrada do cristianismo ao longo dos séculos: são como uma ressonância da entrega total de Cristo na Cruz e dessas outras entregas que comoveram o seu coração: a da pobre viúva que deposita no cofre do templo as duas últimas moedas que possuía..., a de Maria que, em Betânia, quebra de um só golpe o frasco de alabastro que continha um perfume de nardo preciosíssimo e unge com ele o Senhor.

O cristianismo é a antítese da mesquinhez. A falta de generosidade não é apenas um defeito, é uma característica que desclassifica: ou somos verdadeiramente generosos ou devemos deixar de nos chamar cristãos.

Dar com generosidade é dar-se. Quem dá apenas coisas materiais parece estar medindo com o braço a distância que o separa de quem recebe. É preciso acabar com essa distância, transformarmo-nos nós mesmos num presente: entregar ao outro a própria vida. «Passou o tempo — diz Mons. Escrivá — de dar quatro tostões e roupa velha; é preciso dar o coração e a vida»[40].

São Tomás diz que a perfeição do amor fraterno manifesta-se «quando o homem dá pelo próximo não só os bens temporais, mas também os seus bens espirituais e, finalmente, se entrega a si mesmo por completo, segundo a expressão do Apóstolo São Paulo: *Por mim, de boa vontade me gastarei e me desgastarei até o esgotamento pelas vossas almas, ainda que, amando-vos mais, venha a ser menos amado por vós* (2 Cor 12, 15)»[41].

Dar coisas é relativamente fácil. O difícil é *dar a vida*, é *dar-se*: dar um pedaço do meu ser, uma partícula do meu espírito, uma verdade da minha inteligência, o tesouro do meu tempo, o desgaste do meu corpo, a vibração dos meus sentimentos ou, mais ainda, o sentido inteiro da minha vida, a minha existência toda: construir o coração dos outros com os pedaços do meu coração.

É o que fez Cristo na Cruz. Do seu coração aberto, rasgado pela lança, saiu sangue e água: água porque não tinha mais sangue para dar.

Sacrificar-se

Dar-se é sacrificar-se pelos outros. Quando não se chega a esse grau de amor, a caridade cristã se esvazia. É como se da biografia de Cristo tirássemos a sua paixão e morte ignominiosa: não silenciaríamos apenas o último e mais importante capítulo da sua vida; estaríamos, na verdade, arrancando o sentido supremo da sua existência terrena — a redenção através da Cruz — e o paradigma por excelência do amor humano: *Ninguém tem mais amor do que aquele que dá a vida pelos seus amigos* (Jo 15, 13).

Se não atingimos o patamar da entrega sacrificada pelos outros, é como se quiséssemos imitar Cristo, mas somente até à Última Ceia: onde começa a Cruz e acabam os louvores; onde se iniciam as afrontas e as dores e terminam os milagres e os entusiasmos da multidão; onde já não existem o êxito e a consolação e principia a última e mais sublime caminhada do Amor.

Estaríamos imitando, em última análise, não apenas um Cristo incompleto, mas um Cristo desfigurado e mutilado pelo nosso egoísmo.

Se observarmos atentamente todas as diferentes conjugações do verbo amar anteriormente formuladas — olhar, compreender, perdoar, corrigir, esperar, carregar, servir, sorrir, dar e dar-se —, veremos que sempre esteve presente, como ingrediente fundamental, o *espírito de sacrifício*. Palavras, sentimentos, protestos de amor, entusiasmos, ternuras, sem a decisão de nos sacrificarmos efetivamente pela pessoa amada, são... efervescências de adolescente, atitudes sentimentaloides, puros lirismos.

Lembramo-nos com imenso agradecimento do sacrifício que por nós fizeram as pessoas que nos amaram verdadeiramente: os pais, os irmãos, os amigos... Recordamos com emoção esses sacrifícios diários, quando porventura o nosso pai e a nossa mãe escondiam o seu cansaço e as suas aflições para que não ficássemos tristes, ou escolhiam para si o pior bocado para que a nós nos coubesse o melhor.

Nessa mesma linha de recordações, lembro-me agora daquela história contada por Urteaga. Fala-nos de dois ciganinhos — dois meninos de favela — maltrapilhos, um deles de cinco anos e o outro de dez. Vemo-los famintos, pedindo comida de porta em porta. Por fim, depois de várias tentativas, conseguem algum alimento. O mais velho sai de uma casa trazendo nas mãos, com ar processional, um pote de leite.

«Aqui começa o diálogo.

— Senta-te. Primeiro bebo eu e depois bebes tu.

Dizia aquilo com ar de imperador. O menorzinho olhava para ele, com os seus dentes brancos, a boca semiaberta, mexendo a ponta da língua.

Eu, como um tolo, contemplava a cena.

Se vísseis o mais velho olhando de viés para o pequenino!

Leva o pote à boca e, fazendo gesto de beber, aperta fortemente os lábios para que por eles não penetre uma só gota de leite. Depois, estendendo o vasilhame, diz ao irmão:

— Agora, é a tua vez. Só um pouco.

E o irmãozinho menor sorve fortemente.

— Agora eu.

Leva o pote já meio vazio à boca, e não bebe.

— Agora tu.
— Agora eu.
— Agora tu.
— Agora eu.

E depois de três, quatro, cinco, seis goles, o menorzinho de cabelo encaracolado, barrigudinho, com a camisa de fora, esgota o leite. Esses "agora tu", "agora eu" encheram-me os olhos de água.

Sobre um fundo de risos ciganos, comecei a subir a encosta cheia de ciganinhos. Ao meio da encosta, voltei a cabeça. Tive vontade de descer e guardar o vasilhame. Aquilo era um tesouro. Mas nem sequer pude tentá-lo. Entre burricos carregados de bilhas, corriam dez garotos atrás do vasilhame de lata, dando pontapés. A lata saltava entre os pés negros, descalços, sujos, de cor cinzento-pó de estrada. Também o generoso brincava entre eles, com a naturalidade de quem não fez nada de extraordinário, ou — melhor — com a naturalidade de quem está habituado a fazer coisas extraordinárias.

É assim... que temos de nos amar»[42].

Como nos comovemos quando verificamos que alguém — como este garotinho da favela — realmente se sacrifica por nós! Experimentamos um arrepio de emoção quando constatamos que alguém está disposto a dar até a sua própria vida por nós — só por nós —, sem interesse próprio, só por amor, por puro amor.

Perguntemo-nos: em que medida amo o meu semelhante e a Deus? Respondamos: na medida em que estou disposto a sacrificar-me por eles.

A partir deste critério, deveríamos examinar pormenorizadamente a nossa consciência: — Na vida de família, escolho os trabalhos mais custosos, o lugar menos confortável, a comida menos apetitosa? Sei sacrificar o meu tempo e o meu descanso, para ir em ajuda dos outros? Abro mão dos meus critérios pessoais — às vezes dos meus preconceitos — para acolher as ideias dos que me rodeiam? Sei desprender-me, em benefício dos outros, do supérfluo a que estou apegado, do dinheiro que tanto valorizo, da segurança econômica que temo perder? Sei desprender-me também dos meus pontos de vista acidentais para evitar discussões inúteis, que servem apenas para reafirmar o meu amor-próprio? Enfim, estou disposto — a despeito do sofrimento pessoal — a perder para que os outros ganhem, a descer para que os outros subam, a sacrificar-me para que os outros se alegrem?

Temos de conseguir que estas respostas sejam positivas. Isso é colocar o nosso coração à altura do coração de Cristo. E o coração de Cristo está transpassado por uma lança, dilacerado por um sacrifício redentor. Quando o nosso coração chegar até essa altura, aí realmente cada um de nós poderá dizer como Cristo agonizante: *Consummatum est* (Jo 19, 30), tudo está consumado. Estamos atingindo o último significado do verbo *amar*.

O AMOR REALIZA

Dar a vida pelos outros pode parecer uma perda pessoal, um empobrecimento. E, em sentido contrário, viver só para si pode também parecer um enriquecimento pessoal, uma valorização da própria personalidade. Ou, por outras palavras, parece que o egoísta consegue vantajosamente a sua realização à custa dos outros, e aquele que sabe amar realiza os outros — e os torna felizes —, mas à custa de si próprio.

Nada mais contrário à verdade. O egoísta acaba, na realidade, tornando-se um frustrado. Vê definharem os seus dias sozinho, abandonado, porque ninguém quer compartilhar o destino de um «lobo da estepe». É verdade que as pessoas egoístas são incapazes de amar os outros, mas também são incapazes de amar-se a si mesmas, isto é, de trabalhar pelo verdadeiro bem de si mesmas. Em sentido inverso, quem se entrega aos outros consegue exatamente o contrário do que procurava: a adesão dos outros, a atração de todos, a plenitude do amor e com isso a felicidade própria.

É uma verdade que, de forma muito viva, expressava Kierkegaard com uma imagem que já se tornou patrimônio do pensamento contemporâneo: «A felicidade está numa sala maravilhosa onde todos querem entrar. Tentam abrir a porta para dentro, para si, mas, quanto mais a querem abrir para si, mais a trancam, porque a porta se abre para fora, para os outros»[43]. Imagem que emoldura um princípio estabelecido vinte séculos antes por Cristo quando disse: *Quem quiser salvar a sua vida perdê-la-á; mas quem perder a sua vida por amor de mim salvá-la-á* (Mc 8, 35).

O perder-se e o salvar-se mantêm entre si uma relação inversa e paradoxal: a procura de si mesmo traz a perda; e a perda de si próprio traz o encontro com o mais essencial de nós mesmos: a salvação pelo amor. Diz *Sulco*: «O que é preciso para se conseguir a felicidade não é uma vida cômoda, mas um coração enamorado»[44].

Cada um de nós poderia aduzir agora bastantes exemplos que evidenciam essa verdade... Salta à minha memória a lembrança de um colega da Faculdade de Direito, um bom rapaz, mas que estudava demais; era — como se diria na gíria — um «fominha», um egoísta. Pensava em passar a todo o custo num difícil e disputado concurso para a magistratura... Lembro-me das contas que fazia diante de mim para justificar o que não tinha justificação: «Faltam-me 3 anos para terminar o curso e mais 2 para preparar o concurso: 5 anos em total. Ora, eu saio 3 vezes por semana com a minha namorada e *gasto* com ela 9 horas semanais... Multiplicadas pelas 4 semanas do mês, são 36 horas mensais. Se continuo a multiplicá-las pelos 12 meses do ano e pelos 5 anos que faltam para o concurso... dá uma cifra fabulosa! — E daí?, perguntei-lhe — E daí que vou desmanchar o namoro...» *É uma canalhice!* Essa foi a frase usada pela namorada... Comentou assim: «Há três anos que estamos namorando... E você faz uma conta na "ponta do lápis" e... manda a gente para a valeta... *Isso é uma canalhice!*»

É uma expressão forte, mas ouvimo-la com frequência. Ninguém gostaria de ouvir dizer que é um *canalha*... e, no entanto, quantas vezes o nosso egoísmo também faz as suas contas, os seus cálculos... Interessa-*me*, não *me* interessa... Pesa, mede... corta, acrescenta... Isso realiza-*me*, isso não *me* realiza..., sem levar na devida consideração o interesse ou o prejuízo dos outros...

Mas não terminei de contar a história do meu colega. Passados 5 anos exatos, um amigo veio dizer-me eufórico que tinha passado no concurso para a magistratura... «E fulano?», perguntei-lhe referindo-me ao nosso colega comum, o «fominha». «Infelizmente foi reprovado» — «Mas como? Sabia tudo e tinha até deixado a namorada para não ser incomodado!» «Exatamente! Foi reprovado porque *sabia demais*...» E estendeu-se explicando-me como tinha acontecido: «Respondia brilhantemente, como sempre, magistralmente..., *pontificando*... A banca não gostou, achou-o petulante e acabaram discutindo... Terminou mal; como o mocinho nos filmes do "faroeste", foi eliminado porque sabia demais»...

A história repete-se... Muitos fazem também na «ponta do lápis» os *cálculos do egoísmo*: não têm tempo para Deus, não têm tempo para a família, não têm tempo para os outros, só têm tempo para a *sua realização pessoal* e acabam asfixiando-se na atmosfera rarefeita do seu próprio *ego*; afogando-se no lago que reflete a sua própria imagem, como Narciso...

É a esposa que, querendo «curtir» a vida de casada, evita filhos porque lhe podem dar excessivo trabalho e termina, aos quarenta anos, «curtindo» a sua solidão... É o estudante que se encerra no mundo das coisas gostosas, da vida fácil, e abandona o que é árduo e custoso porque quer «aproveitar a vida» e, a partir dos trinta anos, começa a experimentar no peito a mordida da frustração ou da inveja, ao ver o triunfo dos companheiros... É o profissional ambicioso que sacrifica mulher e filhos para subir e subir, e acaba abandonado porque ninguém suporta o seu isolamento no pedestal... É o cristão que se fecha aos requerimentos da graça pelo esforço que representa uma ascensão espiritual, e acaba experimentando o vazio ou o tremendo silêncio de Deus no seu coração... Todos eles foram eliminados na *prova da vida* porque *sabiam demais*, porque *pensavam demais* em si próprios...

Quem quiser salvar a sua vida perdê-la-á... O amor verdadeiro custa esforços e sacrifícios, mas paga bem, não decepciona. O amor é sempre fecundo.

Recordo também um outro acontecimento que corre paralelo a esta alentadora verdade. Acontecimento aparentemente trivial. Acompanhava a volta ciclística da Itália. Etapa de montanha. Um dia extremamente quente, estafante. A fila multicolor serpenteava lentamente os contrafortes dos Alpes. De repente, um dos ciclistas disparou. Parecia que acabavam de lhe dar uma chicotada. Foi pedalando vigorosamente diante do assombro dos radialistas. Os seus pés martelavam a máquina como o movimento seco e metálico dos pistões de um motor. Era Bartalli. Ganhou o prêmio da montanha com muita vantagem. Foi um grande triunfo.

O entrevistador queria arrancar-lhe o segredo daquela arrancada espetacular.

«Bartalli, que houve? Você estava, como todos, acabado. De onde lhe veio a força?»

«É normal, são coisas do esporte»..., respondeu o ciclista querendo desviar a conversa.

«Não. Todos nós vimos que alguma coisa aconteceu... Que é que você tomou? Alguém falou em droga...»

Bartalli teve que falar. «Aconteceu uma coisa muito simples. Eu estava realmente esgotado. Levantei a cabeça e enxerguei na saliência do cume uma pedra que pareceu desenhar o rosto de minha mãe. Não sei se você vai me entender, mas naquele momento veio-me de golpe a lembrança da sua preocupação pelos meus irmãos mais novos... Eles precisavam que eu ganhasse aquela etapa. O prêmio dos Alpes era muito importante para pagar os seus estudos. Então foi como se me tivessem dado uma injeção de força, de energia... Sem saber como, as minhas pernas começaram a pedalar.

Cada músculo, cada fibra parecia que despertava do torpor como se alguém lhes estivesse gritando: "Vamos, temos que ganhar!"... Quando ultrapassei a meta, no meio dos aplausos, sabia que aquela etapa tinha sido ganha pela minha mãe...»

Nos cansaços da vida, nas depressões do espírito, no abatimento da derrota e também nessa longa monotonia do dia a dia, o vislumbre do Amor, do amor autêntico, aquele que não se detém no egoísmo da própria realização, é como um dispositivo que faz brotar a nascente dessa energia *extra* que todas as almas possuem: um novo entusiasmo, uma nova coragem, uma nova motivação surge do mais fundo de nós mesmos. E é isto o que nos realiza.

O amor, ainda que leve ao sacrifício, e sobretudo quando leva ao sacrifício, é a fonte secreta da felicidade. Quando um homem esquecido da sua própria felicidade se lança a realizar um ideal de amor superior a si próprio, acaba por atrair sem querer a sua própria felicidade. Porque, como escreve Viktor Frankl, «a felicidade não pode ser procurada, tem que vir ao nosso encontro, e isso só acontece como um efeito colateral, não intencionado, da dedicação pessoal a uma causa mais elevada do que o próprio eu, ou como produto concomitante à entrega a uma outra pessoa»[45].

Concordamos em que é duro abrir os espaços mais íntimos do coração para dar passagem aos grandes amores que exigem entrega e abnegação. Mas temos de concordar também em que é muito mais duro ter de suportar uma existência abafada pelo egoísmo. É a experiência — mil vezes repetida — que nos oferece a atitude daquele jovem rico do Evangelho. Ao fechar-se ao grande chamado do Amor feito por Jesus, para agarrar-se à sua autorrealização egoísta, bloqueou a imensa alegria que o amor generoso traz consigo. *Et abiit tristis...* Retirou-se triste

(Mc 10, 22). Rodeado de todas as suas riquezas, ficou asfixiado pela tristeza.

Dois amores fundaram duas cidades...: o amor-próprio e o amor de Deus. São dois polos de atração, duas formas de viver. Cada um de nós — em cada passo da sua caminhada, em cada instante da sua existência — tem que resolver o pequeno ou grandioso conflito que esta opção nos apresenta continuamente. E é em assumir essa responsabilidade e em solucioná-la com a dignidade de um filho de Deus — em nada mais e em nada menos — que consiste a nobreza do nosso viver humano.

NOTAS

(1) Santo Agostinho, *De Civitate Dei*, 14, 28; (2) Josemaria Escrivá, cit. por S. Canals, *Reflexões espirituais*, Quadrante, São Paulo, 1985, p. 63; (3) S. Kierkegaard, cit. por J. Collins, *El pensamiento de Kierkegaard*, México, 1958, p. 163; (4) L. Iacocca, *Iacocca — uma biografia*, Livraria Cultural Editora, 1985, p. 58; (5) cf. L. Batistelli, *A vaidade*, São Paulo, 1954, p. 84; (6) cf. Batistelli, *op. cit*; (7) Fernando Pessoa, *Autopsicografia*, in *O eu profundo e outros eus*, Nova Fronteira, 1982; (8) G. Corção, *Lições do Abismo*, Agir, Rio de Janeiro, 1962, p. 88; (9) São Tomás de Aquino, *Suma Teológica*, II, q. 36, a.1; (10) *ibid.*, II, q. 75, a. 2; (11) R. Garrigou-Lagrange, *Las tres edades de la vida interior*, t. 1, Palabra, Madri, 1982, p. 535; (12) São Francisco de Sales, *Introdução à vida devota*, 6ª ed., Vozes, Petrópolis, 1948, pp. 292-294; (13) F. von Gebsatel, *La comprensión del hombre desde una perspectiva cristiana*, Rialp, Madri, 1966, p. 148; (14) cit. por J. B. Torelló, *Psicologia aberta*, Quadrante, São Paulo, 1987, p. 95; (15) B. Baur, *A vida espiritual*, Aster, Lisboa, 1960, p. 78; (16) cit. por B. Baur, *op. cit.*, p. 84; (17) Fénelon, *Lettres Spirituelles*, carta 392, Lefèbvre, Paris, 1938, pp. 393-394; (18) *nihil volitum nisi praecognitum*; (19) *nihil est in intellectu quod prius non fuerit in sensu*; (20) cit. por J. Vieujean, *Teu outro eu*, Rio

de Janeiro, 1960, p. 100; (21) La Rochefoucauld, *Máximas*; (22) Josemaria Escrivá, *Forja*, 3ª. ed., Quadrante, São Paulo, 2014, n. 861; (23) Josemaria Escrivá, *Sulco*, 3ª ed., Quadrante, São Paulo, 2014, n. 758; (24) H. de Azevedo, *Teología del buen humor*, Palabra, Madri, n. 213, abril de 1983, p. 19; (25) Josemaria Escrivá, *É Cristo que passa*, 4ª ed., Quadrante, São Paulo, 2014, p. 246; (26) São Bernardo, *Sermão 40 sobre o Cântico dos Cânticos*; (27) Josemaria Escrivá, *Sulco*, n. 274; (28) São Bernardo, *Sermo in nativ. Ioann.*, 9; (29) J. Wasserman, *Etzel Andergast*, Buenos Aires, 1964, p. 274; (30) cit. por A. Vázquez de Prada, *El Fundador del Opus Dei*, Rialp, Madri, 1983, p. 434; (31) G. Chevrot, *As pequenas virtudes do lar*, 5ª ed., Quadrante, São Paulo, 2015, p. 83; (32) *ibid.*, p. 84; (33) Santo Agostinho, *Sermo 96*, 1; (34) cf. J. B. Torelló, *op. cit.*, p. 89 e ss; (35) *ibid.*, p. 93; (36) Cardeal A. Luciani, in *Il Gassettino*, 25-VII-78; (37) *Constans et perpetua voluntas suum cuique tribuere*; (38) cf. Constituição Pastoral *Gaudium et spes*, ns. 63 e ss; Paulo VI, Encíclica *Populorum progressio*, ns. 43 e ss; (39) Pio XII, Proclamação *Por um mundo melhor*, 10-II-1952; (40) cit. por S. Bernal, *Mons. Josemaria Escrivá de Balaguer. Perfil do fundador do Opus Dei*, Quadrante, São Paulo, 1977, p. 206; (41) São Tomás de Aquino, *Suma Teológica*, I-II, q. 61, ad. 5; II-II, q. 184, a. 2, ad. 3; (42) J. Urteaga, *Deus e os filhos*, Quadrante, São Paulo, 1986, pp. 108-110; (43) cf. J. Collins, *El pensamiento de Kierkegaard*, México, 1958, p. 128; cf. S. Kierkegaard, *El amor y la religión*, Buenos Aires, 1960; (44) Josemaria Escrivá, *Sulco*, n. 795; (45) V. Frankl, *Man's search for meaning*, Simon & Schuster Inc., New York, 1984, p. 12.

Direção geral
Renata Ferlin Sugai

Direção editorial
Hugo Langone

Produção editorial
Juliana Amato
Gabriela Haeitmann
Ronaldo Vasconcelos
Roberto Martins

Capa
Provazi Design

Diagramação
Sérgio Ramalho

ESTE LIVRO ACABOU DE SE IMPRIMIR
A 19 DE MARÇO DE 2024,
EM PAPEL OFFSET 75 g/m².